Aktuelle und klassische Sozial-
und Kulturwissenschaftler|innen

Herausgegeben von
S. Moebius, Graz

Die von Stephan Moebius herausgegebene Reihe zu Kultur- und Sozialwissen-schaftlerInnen der Gegenwart ist für all jene verfasst, die sich über gegenwärtig diskutierte und herausragende Autorinnen und Autoren auf den Gebieten der Kultur- und Sozialwissenschaften kompetent informieren möchten. Die einzelnen Bände dienen der Einführung und besseren Orientierung in das aktuelle, sich rasch wandelnde und immer unübersichtlicher werdende Feld der Kultur- und Sozial-wissenschaften. Verständlich geschrieben, übersichtlich gestaltet – für Leserinnen und Leser, die auf dem neusten Stand bleiben möchten.

Herausgegeben von
Stephan Moebius, Graz

Jürgen Mackert • Jochen Steinbicker

Zur Aktualität
von Robert K. Merton

 Springer VS

Prof. Dr. Jürgen Mackert
Universität Potsdam
Deutschland

Dr. Jochen Steinbicker
Humboldt-Universität zu Berlin
Deutschland

ISBN 978-3-531-18417-3
DOI 10.1007/978-3-531-19040-2

ISBN 978-3-531-19040-2 (eBook)

Die Deutsche Nationalbibliothek verzeichnet diese Publikation in der Deutschen Nationalbibliografie; detaillierte bibliografische Daten sind im Internet über http://dnb.d-nb.de abrufbar.

Springer VS

Gedruckt auf säurefreiem und chlorfrei gebleichtem Papier

Springer VS ist eine Marke von Springer DE. Springer DE ist Teil der Fachverlagsgruppe Springer Science+Business Media.
www.springer-vs.de

Inhalt

Einführung

„Who cares what old Merton said?" – so ließe sich, in Anlehnung an ein bekanntes, von George C. Homans auf Emile Durkheim gemünztes Raunen, fragen. Warum soll man weiterhin oder vielleicht überhaupt einmal in das Werk von Robert K. Merton schauen? Zweifellos gehört Merton zu den Klassikern der Soziologie; aber ist das schon ein Grund, sich mit ihm auseinanderzusetzen? Lässt sich so die Aktualität seiner Soziologie begründen?

Bei derartigen Begründungen sind immer Zweifel angebracht, und mit Merton hätte man dafür einen Gewährsmann erster Güte. Nicht ohne Grund hat er selbst seinem Hauptwerk *Social Theory and Social Structure* ein Zitat Alfred N. Whiteheads vorangestellt: „A science that hesitates to forget its founders is lost." Dieses Bekenntnis ist nun nicht so zu verstehen, dass Merton der Auseinandersetzung mit den klassischen Texten der Soziologie jeden Wert abspräche. Allerdings sollte die Auseinandersetzung nicht in der Form immer wiederkehrender, historisierender Exegese erfolgen, die nur zur gebetsmühlenhaften Wiederholung bereits bekannten Wissens oder gar zu dessen Banalisierung führen müsste. Vielmehr ging es Merton darum, dass die Beschäftigung mit den Klassikern und Gründervätern der Disziplin – soll sie nicht historisch bleiben – im Zeichen aktueller Fragen und Probleme der soziologischen Forschung und Theoriebildung steht und eben nicht zu einem Selbstzweck verkommt.

Diese Skepsis gegenüber einer selbstvergessenen Beschäftigung mit den Klassikern des Faches, seine Abstinenz gegenüber selbstgenügsamer theoretischer Reflexion und schließlich die in seinem Werk immer deutlich zu erkennende Neigung, sich von den realen Problemen moderner Gesellschaften leiten zu lassen, machen deutlich, dass mit Robert Merton in theoretischer, begrifflich-konzeptueller sowie inhaltlicher Perspektive eine Neuausrichtung der Soziologie beginnt, deren Ausläufer bis heute spürbar sind:

In *theoretischer* Hinsicht hat Merton einen enormen Einfluss auf die Entwicklung der Soziologie als wissenschaftliche Disziplin ausgeübt (Clark 1990). Im Zuge seiner über lange Jahre dauernden Auseinandersetzung mit Talcott Parsons hat er ein völlig neues Verständnis von soziologischer Theorie entwickelt und präzisiert, das die Soziologie auf dem Wege zu einer reiferen Disziplin einen großen Schritt vorangebracht hat. Merton war gegenüber Parsons' Form allgemeiner soziologischer Theorie skeptisch und lehnte deshalb das ab, was C. Wright Mills abfällig als „grand theory" bezeichnet hat. Merton wollte die Soziologie zu einer erklärenden Wissenschaft weiterentwickeln und war der Überzeugung, dass die Steigerung der Wissenschaftlichkeit der Disziplin nur in dem Maße gelingen könne, in dem soziale Prozesse durch die Identifikation wirksamer sozialer Mechanismen erklärt würden. Mitte des vergangenen Jahrhunderts unterbreitete Merton deshalb sowohl in Abgrenzung zu Talcott Parsons' strukturfunktionalistischem Theoriegebäude als auch zur empiristischen Tradition der amerikanischen Soziologie seine Überlegungen zu den sogenannten „Theorien mittlerer Reichweite" und vollzog zugleich den Übergang von der funktionalen zur strukturellen Analyse, womit er einen nicht hoch genug einzuschätzenden Beitrag zur Sozialtheorie geleistet hat (Blau 1990).

In *begrifflicher* und *konzeptioneller* Hinsicht zeigt sich Mertons „soziologischer Blick" an der Vielzahl der von ihm entwickelten Begriffe und Konzepte, die in der soziologischen Theorie und Empirie heute zum festen Wissensbestand gehören. Ein kurzer Blick genügt, um sich deren andauernder Bedeutung zu vergewissern: „self-fulfilling prophecy", „manifest and latent functions", „the displacement of goals", „retreatism", „opportunity structures", „role-sets and status-sets", „local and cosmopolitan influentials", „Matthew effect", „accumulation of advantage", „theories of the middle range", „homophily and heterophily", „strategic research site", „potentials of relevance" oder auch das Acronym „OTSOG" (on the shoulders of giants) etc.

Die Bedeutung all dieser Neologismen liegt zum einen zweifellos darin, dass Merton mit ihnen in der Disziplin ganz sicher den Sinn dafür geschärft hat, dass ohne klar definierte Begriffe keine Soziologie im Sinne einer modernen Wissenschaft zu machen ist. Für ihn selbst gilt das umso mehr, als sein Theorieverständnis im Kern von einem wechselseitigen Verhältnis von Theorie und Empirie geprägt ist, in dem klare und eindeutig definierte Begriffe von entscheidender Bedeutung sind. Im Hinblick auf die Vielfalt entwickelter Begriffe und Konzepte zeigt sich Mertons Bedeutung zum anderen aber auch daran, dass viele von ihnen über die Grenzen der Soziologie und der Wissenschaft hinaus in einem Maße Eingang ins Alltagswissen sozialer Akteure gefunden haben, wie dies bei keinem anderen Soziologen der Fall ist: Die „Self-fulfilling prophecy", der „Matthäus-Effekt" oder aber die „unerwarteten Folgen absichtsvollen Handelns" sind heute so geläufig und auch im Alltag so vertraut, dass Merton als Urheber selbst meist gar nicht mehr genannt wird (Schimank 1996).

In *inhaltlicher* Hinsicht verwundert es daher schließlich nicht, dass Mertons strukturtheoretischer Ansatz die empirische Forschung vielfältig angeregt hat

(Stinchcombe 1975). Hervorheben kann man hier seine Beiträge zur Anomietheorie, Bezugsgruppentheorie und Rollentheorie, zur Soziologie der Ambivalenz oder aber zur Soziologie der Wissenschaft. Immer wieder hat Merton in seinen eigenen empirischen Arbeiten auf die Notwendigkeit einer eigenständigen soziologischen Perspektive hingewiesen. Deutlich wird hier aber auch, wie Mertons Positionierung im Hinblick auf eine allgemeine und erklärende Soziologie gerade in diesen Bereichen dann auch konkret wird; man denke hier nur an seine Beiträge zur Soziologie der Devianz, in denen er seinen strukturellen Ansatz gegen die vorherrschende interaktionistische Perspektive profiliert hat.

Angesichts der Bedeutung Mertons für die Entwicklung der Soziologie wie auch der Fülle an Themen, mit denen er sich auseinandergesetzt hat, könnte der Versuch, seine fortbestehende Bedeutung für die Soziologie vorzustellen, leicht zur bloßen Einordnung eines bedeutenden soziologischen Werkes in den Kontext seiner Zeit und Aufzählung seiner substanziellen Beiträge geraten. Ohne Zweifel macht das lange Schaffen Robert Mertons einen wichtigen Teil der Geschichte der Soziologie in der zweiten Hälfte des 20. Jahrhunderts aus – sowohl in der Etablierung verschiedenster Bindestrichsoziologien wie des Fachs als solchem. Doch ginge man in diese Richtung, so würde man entweder tatsächlich Geschichte der Soziologie betreiben *oder* in die skizzierte Falle historisierender Exegese und schlimmstenfalls Banalisierung tappen, vor der er selbst gewarnt hat.

Mit Merton kann eine soziologische Einführung in sein Werk nicht historisierend, sondern nur systematisch verfahren. Einer der ersten Gründe, den Merton selbst für die Auseinandersetzung mit den Klassikern anführt, ist der, dass man bei ihnen am besten eine Vorstellung davon gewinnen kann, zu welchen Höhen die Soziologie in der Lage ist, und die Meisterschaft der großen Werke eigenen Unternehmungen Inspiration und Ideal sein kann. Mertons Soziologie ist in dieser Hinsicht zweifellos exemplarisch, und noch hinzu kommt, dass sie aufgrund seines klaren Stils überaus zugänglich ist: Gerade bei ihm können Studierende des Faches schnell und überzeugend ein Verständnis davon erlangen, was Soziologie ist, was sie kann und wie man sie betreiben sollte.

Geht es in exemplarischer Hinsicht um das Besondere des Werks, so besteht ein zweiter wesentlicher Grund für die Beschäftigung mit klassischen Werken darin, dass ihr systematischer Gehalt nach wie vor von Bedeutung und Relevanz ist. Dafür ist es nicht hinreichend, auf Zitationen und Namensnennungen zu schauen, oder spezifische Forschungsbereiche daraufhin zu prüfen, inwiefern Ansätze und Erkenntnisse Mertons hier noch eine Rolle spielen – auch wenn beide Tests sehr zugunsten Mertons sprechen würden. Denn sosehr die Soziologie den Klassikern und ihrer Vergangenheit verpflichtet scheint, so wenig entspricht dieses Verhält-

nis immer einem fruchtbaren Dialog. Einiges wird als sakrosankt tradiert und re-
petiert, doch stellt sich bei aufmerksamer Beobachtung immer wieder das Gefühl
ein, dass diese Disziplin häufig das Beste dessen vergisst, was sie eigentlich schon
zutage gefördert hatte. Die Kehrseite ist dann, dass erst „neue" Erkenntnisse, Ansätze oder gar Paradigmen nötig sind, um all das wiederzuentdecken, was schon
einmal zum festen Wissensbestand gehört hatte. Mertons Hoffnung, es könne
der Soziologie in Anlehnung an die Naturwissenschaften gelingen, einen Fundus
theoretischen Wissens zu entwickeln, der zum kodifizierten Grundstock soziologischer Theorie werden würde, muss vorerst wohl als gescheitert gelten. In diesem
Sinne aber gehört zur Frage nach der Bedeutung und Relevanz der Merton'schen
Soziologie vor allem die Herausarbeitung ihres systematischen Gehalts.

Der Kern seines Werkes besteht in der Konzeption einer *modernen Soziologie,*
die in der Lage ist, eine spezifisch soziologische Perspektive auf die soziale Welt
einzunehmen. Dieser Zugriff ist für die Entwicklung der Soziologie als Wissenschaft entscheidend geworden, und zwar hinsichtlich ihrer (sozial-)theoretischen
und empirischen Relevanz, des sie kennzeichnenden Verhältnisses von Theorie
und Empirie wie auch ihrer begrifflichen und konzeptionellen Schärfe. Als Hin-
führung zu diesem Kern wird in Kapitel 1 zunächst Robert K. Merton als Person
und Wissenschaftler vorgestellt. Dabei geht es einerseits um die entscheidenden
Stationen seiner akademischen Biografie und die für die Entwicklung seiner soziologischen Perspektive wichtigsten intellektuellen Einflüsse; andererseits wird
hier zugleich aber auch deutlich, wie entscheidend der wissenschaftshistorische
Kontext für die Entstehung und für das Verständnis dieses Werkes ist. Kapitel 2
nähert sich dem Exemplarischen des Merton'schen Werks über vier seiner bekanntesten Arbeiten – „Unanticipated Consequences of Purposive Action", „The
Self-fulfilling Prophecy", „The Matthew Effect" und „Sociological Ambivalence" –,
die sicher zu dem gehören, was man „kennen muss" und daher auch inhaltlich
kurz dargestellt werden. Sie dienen hier aber vor allem dazu, die Aufmerksamkeit
auf wesentliche Eigenheiten und Besonderheiten seines „soziologischen Blicks"
zu richten, auf das, was seiner Soziologie in ihrer Art, ihrem Stil und ihrer Herangehensweise charakteristisch ist und etwas von dem ausmacht, was an Mertons
Soziologie eben tatsächlich beispielhaft ist.

Nach diesem Einstieg widmen sich die folgenden drei Kapitel dann dem systematischen Gehalt seines Werks. Die Konzeption der Merton'schen Soziologie
wird in Kapitel 3 vorgestellt. Nach einer Klärung des ihr zugrundeliegenden Wis-
senschaftsverständnisses wird hier zunächst der Forschungsprozess rekonstruiert, in dessen Zentrum Problemdefinition und Begriffsbildung stehen. Auf dieser
Grundlage geht es dann um die sogenannten Theorien mittlerer Reichweite. Im

Zentrum steht die Analyse des für diesen Theorietypus konstitutiven Zusammenspiels von Theorie und empirischer Forschung, die Klärung des Verhältnisses von Theorien mittlerer Reichweite und „grand theories" im Sinne Talcott Parsons' sowie Mertons Überlegungen zu einer Kodifikation des von ihm entwickelten Theorietypus.

Im Anschluss daran rekonstruiert Kapitel 4 Mertons Weg von der funktionalen hin zur strukturellen soziologischen Analyse. Auf der Grundlage einer Skizze funktionalistischen Denkens geht es hier sowohl um Mertons Auseinandersetzung mit und seiner Kritik an einer klassisch funktionalen Analyse in der Soziologie als auch um die seiner Soziologie zugrundeliegende Konzeption gesellschaftlicher Strukturen. Vor diesem Hintergrund wird schließlich das strukturelle Erklärungsprogramm dargestellt und erläutert.

Anhand von vier ausgewählten Bereichen aus Mertons weitgespannten Forschungsthemen zeigt Kapitel 5 wie man sich die Umsetzung der Merton'schen Konzeption der Soziologie vorzustellen hat: die Anomietheorie ist ein Beispiel für den kreativen – und nicht rezeptiven – Anschluss an klassische soziologische Werke; die Theorie des Rollen-Sets ein Beispiel für eine Theorie mittlerer Reichweite; die Theorie der Bezugsgruppen verdeutlicht die Arbeitsteilung und das Zusammenwirken von Theorie und Empirie; und die Wissenschaftssoziologie schließlich ist nicht nur das Feld, dem Merton am innigsten verbunden war, sondern eben auch die kognitive Grundlage seiner Konzeption der Soziologie.

Kapitel 6 widmet sich schließlich der Frage nach der Bedeutung und Relevanz der Merton'schen Soziologie, ihrer Aktualität. Anhand ausgewählter theoretischer Debatten, soziologischer Felder und Analysen wird gezeigt, inwiefern Mertons Soziologie in begrifflich-konzeptioneller, inhaltlicher und theoretischer Perspektive bis heute für den soziologischen Diskurs prägend geblieben ist. Hier, an diesen aktuellen Debatten, wird dann noch einmal deutlich, wie relevant ein mertonianischer „soziologischer Blick" auf unsere Gegenwartsgesellschaft ist und wie ertragreich eine Auseinandersetzung mit den Prozessen und Dynamiken moderner Vergesellschaftungen auf seinen Schultern sein kann.

1   Intellektuelle Einflüsse und wissenschaftliche Laufbahn

Robert K. Merton wurde am 4. Juli 1910 als Meyer Robert Schkolnick in Philadelphia, Pennsylvania, geboren.[1] Seine Eltern waren osteuropäische Immigranten mit jüdischem Hintergrund, vermutlich aus der Ukraine, die 1904 vor den verbreiteten anti-jüdischen Pogromen nach Philadelphia geflohen waren. Merton wuchs in einfachen Verhältnissen in den – wie er gerne hervorhob – Slums von Süd-Philadelphia auf. Wenn die materiellen Verhältnisse auch einfach gewesen sein mögen, so boten sich Merton in seiner Kindheit und Jugend doch vielzählige Möglichkeiten: „that seemingly deprived South Philadelphia slum was providing a youngster with every sort of capital – social capital, cultural capital, human capital, and, above all, what we may call public capital – that is, with every sort of capital except the personally financial. To this day, I am impressed by the wealth of public resources made available to us ostensibly poor." (Merton 1994: 7).

Dazu gehörte etwa die örtliche High School, die nach seinem eigenen Urteil vielleicht nicht herausragend, aber doch sehr gut war, wie auch die nur wenige Straßen vom Haus seiner Eltern entfernte, gut ausgestattete Carnegie-Bibliothek. Während Merton seinen Vater als reserviert und unzugänglich beschreibt, suchte seine Mutter – selbst eine Bewunderin der Anarchistin Emma Goldstein und regelmäßig in der Abendschule zu finden – ihren geliebten Sohn in allem zu unterstützen und zu fördern. In einem ausgezeichneten Portrait zu Merton für den *New Yorker* berichtet Morton M. Hunt (1961) von zwei recht gegensätzlichen Arten der Freizeitgestaltung des jungen Merton: zum einen war er Mitglied einer Jugendbande und als solcher in handgreifliche Auseinandersetzungen verstrickt, zum anderen ging er seiner unstillbaren Leseleidenschaft in der Bibliothek nach, wo er am liebsten Biografien und Autobiografien, aber bald auch alles andere las, was hier zu haben war. Merton sollte bald eine weitere Leidenschaft entwickeln, denn durch den Einfluss des Nachbarn und späteren Ehemanns seiner elf Jahre älteren Schwester, Charles Hopkins, lernte er die Zauberei kennen. Mit 14 – anlässlich eines Schulreferats über den berühmten Zauberer Harry Houdini, der als Ehrich

---

1   Zu Mertons Kindheit und Jugend existieren v. a. die folgenden Darstellungen, auf denen dieser Abschnitt weitgehend beruht: Merton 1994; Simonson 2010a: 123 ff.; Hunt 1961.

Weiss das Licht der Welt erblickt hatte – wurde ihm bewusst, wie wichtig ein anglisierter Name in der Unterhaltungsbranche ist. Seine erste Idee war Robert King Merlin – offensichtlich etwas übertrieben – woraus in leichter Abwandlung dann Merton wurde. Mit 19 änderte er seinen Namen auch offiziell.

Im Februar 1927 machte Merton seinen Schulabschluss an der South Philadelphia High School und erhielt ein Stipendium für die Temple University, die staatliche Universität in Philadelphia, wo er rasch zu einem ausgezeichneten Studenten wurde. Der junge Soziologe George E. Simpson nahm ihn hier bald unter seine Fittiche: er weckte sein Interesse für die europäische soziologische Tradition, beschäftigte ihn als studentische Hilfskraft in seinem Dissertationsprojekt zu *The Negro in the Philadelphia Press* und stellte ihn schließlich Pitirim Sorokin vor, der an der Harvard University gerade das Department of Sociology begründete. Sorokin ermutigte Merton, sich um einen Studienplatz und ein Stipendium für Harvard zu bewerben.

Schon bald nachdem Merton sein Studium aufgenommen hatte, erhielt er bei ihm eine Stelle als studentischer Mitarbeiter. Und kurz darauf überantwortete Sorokin ihm eine Verpflichtung, die er selbst nicht einhalten konnte oder wollte: Merton sollte im Frühjahr 1933 auf der Eastern Sociology Conference an seiner Statt einen Vortrag über neuere französische Soziologie halten, ein Thema, in das Merton sich in wenigen Monaten – und langen Nächten – überhaupt erst einlesen musste. Aus diesem Vortrag entstand die erste Veröffentlichung von Merton (1934a). Auch im Übrigen stellte Sorokin hohe Anforderungen an Merton, beteiligte ihn aber auch an seinen Projekten, unter anderem an seinem Hauptwerk *Social and Cultural Dynamics* (1937). Doch während Merton wegen Sorokin nach Harvard gekommen war, sollte sein Interesse bald dem jungen, noch völlig unbekannten Talcott Parsons gelten, der als Lehrbeauftragter am neuen Department of Sociology unterrichtete und hier die Ideen vorstellte, die einige Jahre später in seinem großen Werk *The Structure of Social Action* (1937) münden sollten. Ähnlich wie Sorokin war Parsons ein Kenner der europäischen Soziologie, aber „The corpus of social thought Sorokin summarized, Parsons anatomized and synthesized" (Merton 1994: 12).

Nicht genug damit, zwei bedeutende und anspruchsvolle Lehrer zu haben, suchte sich Merton für sein beginnendes Interesse an der Soziologie der Wissenschaft und Technologie einen dritten, den Wegbereiter der modernen Wissenschaftsgeschichte, George Sarton. Merton schloss seine Dissertation *Science, Technology and Society in Seventeenth-century England* 1936 ab, die zwei Jahre später in der von Sarton herausgegebenen Reihe Osiris veröffentlicht wurde. Dank Sorokin und Parsons konnte Merton nach Abschluss seiner Dissertation an Harvard bleiben und als Lehrbeauftragter unterrichten. 1939 wurde er Associate Professor an der Tulane University in New Orleans, wo er bald zum Chair des Departments aufstieg. Doch schon kurz darauf erhielt er eine Stelle als Assistant Professor an der Columbia University, New York; drei Jahre später wurde er hier zum Associate Professor und nach wiederum drei Jahren 1947 zum Full Professor ernannt. Als Nachfolger von Paul Lazarsfeld wurde er dann 1961 Dean des Departments. 1963 wurde er zum Franklin Henry Giddings Professor und elf Jahre danach, im Jahr 1974 schließlich, als eine von nur vier Personen an der Columbia University, zum University Professor ernannt. Von 1942 bis 1971 war er darüber hinaus Associate Director am Bureau of Applied Social Research an der Columbia University. 1979 schließlich wurde Merton University Professor Emeritus und Special Service Professor. Fünf Jahre später beendete er seine Laufbahn an der Columbia University. Robert K. Merton starb am 23. Februar 2003.

Die lange Liste der bedeutenden Ämter und Positionen, Ehrendoktorwürden und Preise, die Merton im Laufe seines akademischen Lebens erhielt, ist beeindruckend. Um nur einige von ihnen zu erwähnen: Merton war Präsident der American Sociological Association (1956–1957), der Eastern Sociological Society (1968–1969), der Sociological Research Association (1968) und der Society für Social Studies of Science (1975–1976). Er erhielt über 20 Ehrendoktorwürden, unter anderem von so renommierten Universitäten wie Yale, Chicago, Harvard, Columbia, Leiden, Jerusalem, Wales, Oxford und Krakau. Merton war Fellow der Guggenheim Foundation (1962–1963), des Centre for Advanced Studies in Behavioral Sciences und von 1979 bis zu seinem Tode Resident Scholar at the Russell Sage Foundation. Unter den ihm verliehenen Preisen schließlich sind der Talcott Parsons Prize for Social Sciences der American Academy of Arts and Sciences, der MacArthur Prize Fellow Award (1983–1988), der Career of Distinguished Scholarship Award der American Sociological Association, und schließlich erhielt er 1994 als erster Soziologe die National Medal of Science der USA.

Mit Sorokin, Parsons und Sarton hatte Merton drei bedeutende, zugleich überaus anspruchsvolle und unterschiedliche Lehrer, von denen jeder einen bleibenden Eindruck auf ihn hinterlassen sollte (Simonson 2010: 135 ff.; Sztompka 1986: 20 ff.). Bei Sorokin war es das enzyklopädische sozialtheoretische Wissen, das bis in die Antike zurückreichte und mehrere Kontinente überspannte, wie auch die feurige Art, mit der er noch an jeder Argumentation und theoretischen Position etwas auszusetzen fand. Spuren dessen finden sich etwa zu Beginn vieler Texte von Merton, in denen er auf verschiedenste Vorläufer in der Ideengeschichte verweist, die bereits ähnliche Überlegungen verfolgt haben. Bei Parsons ist es das scharfe theoretische Kalkül und konkret etwa der „Unit Act" aus der *Structure of*

Social Action, dessen Grundelemente Merton noch Jahrzehnte später regelmäßig zu Beginn jeder Vorlesung an die Tafel zu schreiben pflegte (Gieryn 2004: 859 f.). Und Sarton schließlich eröffnete Merton das Reich der Wissenschaftsgeschichte, integrierte ihn in die Arbeit an der Zeitschrift ISIS und lehrte ihn stetige Produktivität. Doch während er von allen dreien einiges mitnahm, bewahrte sich Merton zugleich seine intellektuelle Unabhängigkeit: Gegenüber Sorokin entwickelte er die gleiche grundlegende Kritik, die dieser selbst gegenüber allen gegenwärtigen und vergangenen Größen vorbrachte; Parsons war er zwar freundschaftlich verbunden, blieb aber sowohl der historischen Konvergenzthese in der *Structure of Social Action* wie den Aspirationen für eine strukturfunktionalistische Großtheorie gegenüber skeptisch; und von Sartons enzyklopädischer und deskriptiver Art der Wissenschaftsgeschichte setzte er sich als Soziologe bereits in seiner Dissertation mit einem klaren analytischen Zuschnitt deutlich ab.

Wenn Merton also weder Sorokinianer noch Parsonianer noch Sartonianer war, so hat das auch damit zu tun, dass Merton – wie Sztompka (1986: 29) schreibt – alles andere als ein einfacher Schüler war: Bei aller Bewunderung für seine Lehrer hielt er sich mit Kritik an ihnen kaum zurück und entwickelte seine eigenen Ideen häufig in direktem Gegensatz zu denen seiner Lehrer. Was ihn aber mit Sorokin und Parsons über alle Gegensätze hinweg verbindet, ist, dass er wie diese ein stark europäisch geprägter Sozialtheoretiker war (Coser 1976), dessen eigene Soziologie fest in der klassischen Soziologie und Gesellschaftstheorie verankert ist.

Der Einfluss Emile Durkheims, dem er sich seit seinen ersten beiden Artikeln verpflichtet sieht, wird sowohl in Mertons Konzeption der funktionalen wie auch in seiner strukturellen Analyse deutlich. Die besondere Betonung struktureller Widersprüche, von Konflikten oder dysfunktionalen Effekten sozialer Prozesse macht zugleich deutlich, dass Merton nicht nur den interessantesten Aspekten des Durkheim'schen Ansatzes folgte, sondern diese mit den besten strukturtheoretischen Einsichten von Karl Marx zusammenführte (Clark 1990). Während der Einfluss von Durkheim und Marx sehr stark ist, fehlt auch Weber nicht, der gerade in den frühen Arbeiten wie seiner Dissertation, den „Unanticipated Consequences of Purposive Action" und seinen Arbeiten zur Bürokratie, aber etwa auch in der Verpflichtung auf Werturteilsfreiheit im Forschungsprozess präsent ist. Und auch Georg Simmels Einfluss ist immer wieder spürbar, etwa in der Bedeutung der Konzeption der „Kreuzung sozialer Kreise" (Simmel [1908] 1992) für Mertons Vorstellung von sozialen Strukturen, in der Gruppensoziologie oder in Mertons Inkorporation Simmel'scher Konzepte wie „Visibility". Doch wie schon für seine Lehrer, so gilt auch für Durkheim, Marx, Weber, Simmel und eine ganze

Reihe der großen soziologischen Denker des 19. wie des frühen 20. Jahrhunderts, dass Merton nahm, was er gebrauchen konnte, ohne ihnen darum zu folgen – bis hin zu Malinowski, von dem Merton sagte: „it was not necessary to agree with Malinowski, in order to learn from him" (zit. n. Sztompka 1986: 28).

Die starke europäische und theoretische Orientierung, wie sie in Harvard durch Sorokin und Parsons vertreten wurde, war allerdings alles andere als typisch für die damalige amerikanische Soziologie. Denn diese wurde ganz im Gegenteil in den 1920er und 1930er Jahren von einer stark empiristischen Ausrichtung geprägt, die ohne eine theoretische Reflexion der konzeptuellen Grundlagen auszukommen meinte (Hartmann 1973; Turner/Turner 1990: 65 ff.). Dieser Dominanz des Empirizismus trat erst Talcott Parsons erfolgreich entgegen, der auf der Grundlage einer Rezeption der europäischen Klassiker Max Weber, Emile Durkheim, Vilfredo Pareto und Alfred Marshall in *The Structure of Social Action* einen Ansatz zur theoretischen Integration soziologischer Theorie vorlegte (Parsons 1937).[2] In einem weiteren Schritt postulierte Parsons (1938) dann mit „The Role of Theory in Social Research" die Bedeutung soziologischer Theorie und schuf so ein Gegengewicht zum sogenannten „reinen Faktensammeln".

Eine Diskussion oder gar Klärung der damit aufgeworfenen grundsätzlichen Frage nach dem Verhältnis von soziologischer Theorie und Empirie wurde durch die Situation während des Zweiten Weltkrieges verhindert, sodass die Unversöhnlichkeit der beiden Extrempositionen über Jahre konserviert wurde (Hartmann 1973: 3 f.; vgl. Parsons/Barber 1948; Turner/Turner 1990: 70 ff.). Hinzu kamen die Folgen der Depression in den 1930er Jahren, die für eine Ausdünnung der soziologischen Fachbereiche und Finanzmittel gesorgt hatte, sowie insgesamt eine Zersplitterung der amerikanischen Soziologie als wissenschaftlicher Disziplin. In Grundzügen ist das die desolate Situation, mit der Robert K. Merton sich zu Beginn seiner Arbeit konfrontiert sah: die Wissenschaft am Boden, die Akteure zerstritten und auf Konfrontationskurs. Demographisch hatten die Depression und der darauffolgende Krieg den Reproduktionsprozess abgeschnitten: Die Wenigen, die in dieser Zeit wie Merton eine Stelle bekommen hatten, fanden sich in einer Disziplin, deren alte Größen bereits vor ihrer Emeritierung standen und ihren Einfluss verloren hatten (Turner/Turner 1990: 85 ff.).

Mertons Berufung im Jahr 1941 auf eine theoretisch orientierte Assistenzprofessur an der Columbia University war gekoppelt an eine zweite Berufung, durch

---

2 An der Entwicklung einer theoretischen Grundlegung der Soziologie arbeiteten neben Parsons zu dieser Zeit in den Vereinigten Staaten auch George A. Lundberg 1939; Pitirim Sorokin 1937; George Herbert Mead 1934 und Ralph Linton 1936; vgl. Hartmann 1973: 3.

die zeitgleich Paul F. Lazarsfeld eine empirisch ausgerichtete Professur erhielt. Lazarsfeld kam aus der Psychologie und Mathematik und hatte sich in der Umfrageforschung einen Namen gemacht. Bei einem ersten Zusammentreffen zeigte Lazarsfeld Merton ein eilig arrangiertes Projekt, das angesichts des Krieges in Europa im Auftrag der Regierung die Rolle von Massenmedien für die Moral der Zivilbevölkerung untersuchen sollte. Merton machte einige kritische Anmerkungen zum Versuchsaufbau, von denen Lazarsfeld so beeindruckt war, dass er ihm umgehend eine Stelle in seinem Office of Radio Research (ORR) anbot, aus dem bald das Bureau of Applied Social Research (BASR) werden sollte, eine an die Universität angegliederte Einrichtung für öffentlich wie privat finanzierte Sozialforschung.

Damit begann eine jahrzehntelange enge Zusammenarbeit, bei der die akademische Ausbildung der Studierenden in gemeinsamen Seminaren Hand in Hand ging mit ihrer praktischen Ausbildung durch die Beteiligung an Projekten des BASR, wodurch eine ganze Generation geprägt wurde (vgl. Coser/Nisbet 1975; Lazarsfeld 1975; Simonson 2010: 142 ff.). Wohl weniger trotz, als vielmehr wegen ihrer grundsätzlich unterschiedlichen Orientierung und bleibender Vorbehalte ergänzten sich Lazarsfeld als Empiriker und Merton als Theoretiker in Lehre wie Forschung kongenial. Aus dieser Zusammenarbeit gingen nicht nur viele der theoretisch spannenden Beiträge von Merton hervor, sondern auch seine Konzeptualisierung des Fokusinterviews und der Fokusgruppe (Merton/Kendall 1946). Die Bedeutung dieser langen Zusammenarbeit lässt sich auch für Merton kaum hoch genug einschätzen: „I have failed miserably in every attempt at even a meagre digest of the influence Paul Lazarsfeld and I may have had on each other." (Merton 1994: 16).

Das eigentlich Überraschende bleibt, dass in den Personen Merton und Lazarsfeld Theorie und Empirie praktisch zueinander fanden. Doch ganz generell war Merton niemand, der den starken Kontrast und die laute Auseinandersetzung suchte, sondern eher um leise Töne und Vermittlung bemüht war – dies selbst in der Kontroverse mit Parsons, in der er aus der Grundsätzlichkeit seiner Kritik keinen Hehl machte, aber um ein äußerstes Maß an Höflichkeit und Zurückhaltung bemüht war (Merton 1948a). In der wissenschaftlichen Auseinandersetzung sollte er sich auf das „kindle cole"-Prinzip (Merton 1965: 29) berufen, demzufolge Konflikte besser privat und nicht coram publico ausgetragen würden – und angesichts der massiven Spannungen auf dem 4. Weltkongress der Soziologie 1959 suchte er den „Social Conflict in Styles of Sociological Work" durch soziologische Objektivierung zu entschärfen. Man kann darin Höflichkeit und Zurückhaltung sehen, aber auch die Zeichen einer grundlegenden Ambivalenz erkennen, wie etwa

Donald Levine (2006), der auf Mertons ambivalentes Verhältnis zur Theorie hingewiesen hat, die sich nicht zuletzt darin ausgedrückt habe, dass er seine eigenen theoretischen Errungenschaften heruntergespielt habe.[3]

---

3 In ähnlicher Weise hat Alvin Gouldner (1973) Merton als politisch ambivalent zwischen liberal und links gesehen, was er an seinem Umgang mit Marx festmacht, der nie im Vordergrund stehe, aber immer mitgeführt würde.

2　Der soziologische Blick

Angesichts der vielzähligen und kaum überschaubaren Themen, zu denen Merton publiziert und geforscht hat, fällt es erst einmal schwer, ihn in irgendeiner Weise festzulegen: er ist kein Architekt großer Theoriesysteme wie Talcott Parsons oder Niklas Luhmann, doch er hat ohne Frage wichtige Beiträge zur soziologischen Theorie geleistet; er hat sich nicht wie die altehrwürdigen Klassiker von Alexis de Tocqueville und Karl Marx über Max Weber, Georg Simmel und Emile Durkheim mit den fundamentalen und die Moderne prägenden Großprozessen Demokratie, Kapitalismus, Rationalisierung, Individualisierung und Arbeitsteilung beschäftigt, doch zugleich ist er ein Kenner der klassischen Soziologie und greift die mit diesen Prozessen bezeichneten Problematiken fruchtbar auf; er ist weder reiner Theoretiker noch Empiriker noch Vertreter einer soziologischen Spezialdisziplin, doch von jedem etwas, und sowohl die soziologische Theorie wie verschiedenste Bindestrichsoziologien wurden von ihm wesentlich geprägt. Und schließlich hat er generell weder große wissenschaftliche Abhandlungen in Buchform noch wissenschaftliche Aufsätze nach den üblichen Standards vorgelegt, sondern seine Publikationen haben eher die Form des Essays und sein berühmtes Werk *Social Theory and Social Structure* (Merton [1949] 1968) ist eine Sammlung von bereits erschienenen Zeitschriftenartikeln und Buchkapiteln. Was macht aber dann den Kern und das Wesensmerkmal seines Werkes aus?

Die Einheit und gemeinsame Grundlage seines Werks lässt sich, wie in den folgenden Kapiteln näher ausgeführt werden wird, anhand seiner Konzeption der Soziologie und des theoretischen Rahmens seines strukturalen Ansatzes aufzeigen. Was darüberhinaus jedoch sein Werk auszeichnet, lässt sich eher an der Art seiner Herangehensweise, an seinem Stil und an seinem ausgeprägt soziologischen Blick festmachen. Wie Kingsley Davis, ein Freund aus der gemeinsamen Studienzeit an Harvard, einmal gesagt haben soll, habe Merton das Talent „for seeing the ordinary world through extraordinary eyes" (zit. n. Hunt 1961: 54).

Als Merton im Winter 1994 gemeinsam mit sieben bedeutenden Naturwissenschaftlern auf dem Weg zum White House war, um die höchste wissenschaftliche Ehrung der USA, die National Medal of Science, zu empfangen, soll er zu ihnen bemerkt haben: „Sie wissen ja, dass Newton sich Zeit als etwas quantitativ und gleichmäßig Fließendes vorstellte. Und den Raum als etwas Absolutes. Nun,

wir Soziologen stellen uns Zeit und Raum als qualitative soziale Zeit und quali-
tativen sozialen Raum vor. Und diese unterschiedlichen Arten von sozialen Räu-
men bringen Menschen dazu, unterschiedliche Verhaltensweisen anzunehmen.
Schauen Sie nur, zum Beispiel, wie sich unser Verhalten verändert hat während
wir uns dem heiligen symbolischen Raum des White House nähern, fast als würden wir uns einer Kathedrale nähern. Ihre Stimmen sind viel gedämpfter und ihr
Schritt wird langsamer." Kaum hatte er das gesagt, wurde er schon unterbrochen:
„Mein Gott, Sie haben Recht. Das ist genau, was wir gemacht haben! Wir haben
uns verhalten als wäre das hier ein heiliger Ort."[4]

Das ist nun nicht mehr als eine Anekdote, doch zeigt sich an diesem kleinen
Beispiel bereits der klare Blick für das, was das dezidiert Soziologische einer Situation ausmacht, und die Fähigkeit, die soziologische Einsicht auf eine einfache
und unmittelbar einleuchtende Weise zu vermitteln – hier gegenüber Naturwissenschaftlern, bei denen nicht unbedingt von einer hohen Achtung für die Soziologie auszugehen ist, zumal an diesem Tag zum ersten Mal ein Soziologe mit dieser hohen Auszeichnung bedacht wurde.[5]

Das Spezifische an Mertons Herangehensweise, Stil und soziologischem Blick
lässt sich anhand einiger seiner bekanntesten Arbeiten verdeutlichen: dem frühen
Aufsatz zu den nichtintendierten Folgen zweckgerichteter Handlungen (Merton
1936a), der hier gewissermaßen als Auftakt ausführlich wiedergegeben wird; dem
berühmten Aufsatz zu den „self-fulfilling prophecies" oder selbsterfüllenden Prophezeiungen (Merton [1948b] 1968), der die früheren Überlegungen aufnimmt,
um eine bestimmte, gesellschafts- und wirtschaftspolitisch höchst relevante Form
unerwarteter und unbedachter Handlungsfolgen aufzuzeigen; dem Matthäus-
Effekt (Merton 1968c) als einem speziellen Fall der selbsterfüllenden Prophezeiung, und schließlich Ambivalenz als einem Thema der Merton'schen Soziologie
wie als einem ihrer charakteristischen Züge (Merton 1976; Merton/Barber [1963]
1976). Während dabei auch die wesentlichen Inhalte dieser grundlegenden Arbei-

---

4   Nach Schultz (1995: 68) stammt diese Anekdote von Merton selbst. Die zugrundeliegende Vor-
    stellung findet sich mit Fokus auf die soziale Zeit bereits in Sorokin/Merton (1937).
5   Ganz in diesem Sinne beschreibt etwa Thomas Gieryn (2004), dass für Merton alltägliche Situa-
    tionen wie etwa eine Taxifahrt beständigen Anlass für soziologische Beobachtungen boten. Es
    versteht sich, dass der soziologische Blick hier als etwas verstanden wird, das vielen großen So-
    ziologen zu eigen ist, man denke nur an so unterschiedliche Beispiele wie Pierre Bourdieu, etwa
    seine Studie zur Fotografie (Bourdieu et al. 1983), oder Everett C. Hughes, dessen inspirieren-
    de Aufsatzsammlung ganz entsprechend den Titel *The Sociological Eye* (Hughes 1984) trägt.

ten dargestellt werden, liegt der Fokus zugleich auf Mertons Herangehensart und den besonderen Zügen seiner Soziologie.

2.1 Unerwartete Konsequenzen

Es ist wohl eine der ältesten Fragen der Ethik, ob eine Handlung danach zu bewerten ist, welche Absichten mit ihr verbunden waren, oder danach, was sie tatsächlich bewirkt: Muss sich einer schämen, weil seine guten Absichten vergeblich waren und sein Handeln nur Schlechtes bewirkt? Und soll sich ein anderer einer unverhofft guten Tat rühmen, die er nicht bezweckt hat und für die er gar nichts kann? Werden niedere Absichten geadelt, wenn sich herausstellt, dass sie unerwartet Gutes bewirkten? Wie Merton (1936a) gleich zu Beginn von „The Unanticipated Consequences of Purposive Action" hervorhebt, sind die nichtantizipierten und nichtintendierten Folgen zweckgerichteten Handelns ein Problem, das schon die Alten bewegte und um das auch in der Moderne kaum ein nennenswerter Denker in der langen Tradition sozialphilosophischer und gesellschaftstheoretischer Reflexion herumgekommen ist.

Merton geht es in diesem Text also nicht darum, ein neues und bisher unbekanntes Phänomen zu beschreiben; im Grunde handelt es sich hier um den Gemeinplatz, dass es doch immer anders kommt als man denkt. Was ihn bewegt ist vielmehr der Umstand, dass dieses so bekannte Problem der nichtintendierten Handlungsfolgen zwar für unterschiedlichste Kontexte und mit verschiedensten Begriffen beschrieben wurde, aber nicht als solches, in seiner allgemeinen Form zum Gegenstand gemacht worden ist. Damit widmet sich Merton der basalen theoretischen Arbeit, die wesentlichen Elemente dieses Problems klar zu bestimmen, wichtige Faktoren und Differenzierungen herauszuarbeiten und seine Logik und Dynamik in ihrer Konsequenz nachzuzeichnen.

In diesem Sinne beginnt Merton (ebd.: 894 ff.) damit, den Gegenstand seiner Erörterung möglichst genau zu bestimmen:

- *Nichtantizipiert* bedeutet nicht, dass die so charakterisierten Handlungsfolgen in irgendeiner Weise als negativ gelten müssten, bloß weil sie nicht vorhergesehen wurden.
- *Handlungsfolgen* im strengen Sinne wären genau jene Elemente der resultierenden Situation, die allein auf die Handlung zurückzuführen sind; konkret jedoch geht es um Folgen aus dem Zusammenspiel zwischen der Handlung und der objektiven Situation als den Bedingungen der Handlung. Diese kon-

kreten Handlungsfolgen lassen sich dann unterscheiden in Folgen für den Akteur und Folgen für andere Personen, die durch (a) die Sozialstruktur, (b) die Kultur oder (c) die Zivilisation vermittelt sein können.

- *Zweckgerichtet* setzt – im Gegensatz zu bloßem Verhalten – Motive und damit eine Wahl zwischen Alternativen voraus. Die Zwecke müssen jedoch nicht bewusst gesetzt oder dem Handelnden explizit gegenwärtig sein, wie es etwa bei habitualisiertem Handeln der Fall ist, das zwar einen klaren Zweck hat, aber im Allgemeinen ohne Bewusstheit über diesen Zweck ausgeführt wird. Zweckgerichtetes Handeln impliziert auch nicht Rationalität menschlichen Handelns als solche – dass also Menschen immer die objektiv adäquatesten Mittel für einen gegebenen Zweck wählen –, vielmehr geht es im vorliegenden Kontext gerade auch um die Bestimmung von Faktoren, die für Abweichungen von Handlungsrationalität verantwortlich sind.
- *Handeln* lässt sich unterscheiden in (a) unorganisiertes und (b) formal organisiertes Handeln, wobei das zweite aus dem ersten hervorgehen kann, wenn sich Menschen assoziieren, um einen gemeinsamen Zweck zu verfolgen.

Als Einschränkung weist Merton darauf hin, dass er weitgehend nur isolierte zweckgerichtete Handlungen betrachtet und nicht kohärente Handlungssysteme. Und schließlich deutet er auf zwei methodologische Probleme hin: erstens das der *kausalen Zurechnung* von Handlungsfolgen auf Handlungen, denn es ist nicht immer klar, ob bestimmte Folgen tatsächlich bestimmten Handlungen zurechenbar sind; zweitens das der *Rationalisierung,* denn da Akteure im Nachhinein gerne behaupten, dass sie schon gewusst hätten, was sie taten, ist es schwer, ihre eigentlichen Motive festzustellen.

Doch welche Relevanz hat der banale Umstand, dass Handlungen gelegentlich – oder vielleicht sogar: allzu oft – unerwartete und nichtintendierte Folgen haben? Was ist das *soziologische* Problem daran? Merton (ebd.: 898 ff.) nähert sich seinem Problem über die Ursachen, genauer der ganz allgemeinen Einschränkung korrekter Antizipation von Handlungsfolgen durch das bestehende Wissen. Man könnte dabei stehen bleiben und schlicht mangelndes Wissen und Ignoranz als generelle Ursache unerwarteter Handlungsfolgen unterstellen – was aber letztlich in der Tautologie mündete, dass wenn man nur gewusst hätte, was passieren würde, sich auch keine unerwarteten Folgen eingestellt hätten. Tatsächlich gibt es aber unterschiedlichste Gründe für den Mangel an adäquatem Wissen über Handlungsfolgen, wobei sich nach Merton einige wesentliche Faktoren ausmachen lassen.

Für den ersten Faktor zieht er die besondere Art von Wissen heran, um das es in den Sozialwissenschaften geht, denn dieses ist vor allem stochastisch, es basiert auf Kategorien für Handlungen und Situationen, die nie ganz homogen sind. Zudem sind die Wirkzusammenhänge in der sozialen Welt derart komplex und vielfältig, dass allenfalls eine Näherung, kaum aber eine Vorhersage möglich ist. Diese *Zufälligkeit der Folgen* ist dem sozialen Leben inhärent. Im Unterschied zur Ignoranz geht es hier also nicht um die Beschränktheit des tatsächlich vorhandenen Wissens, sondern um die Grenzen möglichen Wissens (ebd.: 900). Das Problem der Ignoranz wiederum wird dadurch verschärft, dass häufig Entscheidungen drängen und es in der Kürze der Zeit gar nicht möglich ist, hinreichendes Wissen zu erlangen. Und selbst da, wo die Zeit nicht drängt, gibt es das schlichte ökonomische Problem der Allokation der knappen Ressourcen von Zeit und Energie, das es letztlich als Utopie erscheinen lässt, sich andauernd im nötigen Ausmaß um das Wissen zur Abwägung von Handlungsfolgen zu kümmern.

Der zweite Faktor ist schlicht *Irrtum*: ob nun in der Wahrnehmung der Situation, in der Verbindung zur zukünftigen Situation, in der Wahl der Vorgehensweise oder schließlich in ihrer Durchführung. Häufig ist es, so Merton, die fälschliche Annahme, dass Handlungen, die in der Vergangenheit erfolgreich waren, dies auch in der Zukunft sind. Eine besondere Rolle spielt die Gewohnheit, denn habitualisierte Handlungsweisen beruhen genau auf dieser Annahme, sind aber zu kaum bewussten Automatismen geworden, sodass der Akteur gar nicht bemerkt, dass die Voraussetzungen für diese Handlungsweise nicht länger gegeben sind und die Handlung damit dysfunktional wird.[6] Psychologische und psychopathologische Faktoren, die die Aufmerksamkeit nur auf bestimmte Faktoren lenken oder einzelne Aspekte ausblenden, gehören ebenfalls in diese Klasse.

Den dritten Faktor bezeichnet Merton (ebd.: 901) als die *Unmittelbarkeit der Interessen* („imperious immediacy of interest"). Hier geht es darum, dass in der Verfolgung unmittelbarer Zwecke weiter entfernte und mittelbare Folgen nicht in den Blick geraten. Als ein Beispiel nennt er die „unsichtbare Hand" bei Adam Smith, also den Effekt, dass die unzähligen individuellen Investitionsentscheidungen, die allein auf den je eigenen Nutzen gerichtet sind, in ihrem Zusammenwirken die wirtschaftliche Gesamtentwicklung vorantreiben. Doch genauso fallen in diese Klasse alle jene Fälle, bei denen das mehr oder weniger ausschließliche Interesse an bestimmten Handlungsfolgen eine Berücksichtigung der Nebenfolgen ausschließt. Ein solches Handeln ist dann rational, insofern es zur Realisierung

---

6 Diesen Zusammenhang sollte Bourdieu (1982) dann später als Hysteresis-Effekt des Habitus beschreiben.

bestimmter Interessen und Werte führt, und zugleich irrational, wenn dadurch andere Interessen und Werte, die gerade nicht im Fokus stehen aber ebenso Teil der Lebensorganisation des Akteurs sind, konterkariert werden. Insofern einzelne Handlungen nicht in einem Vakuum stattfinden, werden ihre Folgen auch auf andere Interessen- und Wertsphären ausstrahlen.

Der vierte Faktor, die *Unmittelbarkeit basaler Werte,* weist oberflächlich Ähnlichkeiten mit dem vorgehenden Faktor auf, unterscheidet sich jedoch in seiner theoretischen Bedeutung ganz wesentlich. Hier ist die Unmittelbarkeit der Verpflichtung auf die Verwirklichung eines bestimmten grundlegenden Wertes geschuldet, die eine Berücksichtigung der Konsequenzen und Nebenfolgen im Grunde ausschließt. Die besondere Art nichtantizipierter Folgen besteht nun gerade darin, dass die Verwirklichung dieses Wertes gerade zu seiner Negation führt. Das klassische Beispiel, auf das Merton hier verweist, ist Webers ([1920] 1988b) Studie „Die protestantische Ethik und der Geist des Kapitalismus", in der es darum geht, wie der aktive Asketizismus durch die Akkumulation von Reichtum paradoxerweise seinen eigenen Niedergang bewirkt. Nichtantizipierte Folgen dieser Art liefern, so Merton, einen wesentlichen Beitrag zur Dynamik kulturellen und sozialen Wandels: „activities oriented toward certain values release processes which so react as to change the very scale of values which precipitated them" (Merton 1936a: 903). Wiederum handelt es sich um das gesellschaftliche Phänomen, dass Handlungen in bestimmten Kontexten in anderen Bereichen zu Veränderungen führen, die dann auf den ursprünglichen Kontext zurückwirken.

Schließlich weist Merton noch auf einen weiteren Umstand hin, der für menschliche Gesellschaften spezifisch ist und der Vorhersage gesellschaftlicher Entwicklungen wie der Gesellschaftsplanung zuwiderläuft. Denn veröffentlichte Vorhersagen zukünftiger sozialer Entwicklungen erweisen sich oft gerade deshalb als falsch, da die Vorhersage ein neues Element in der Situation darstellt und die weitere Entwicklung dadurch verändert wird. Naturphänomene wie der Halley'sche Komet werden durch ihre Vorhersage nicht beeinflusst; doch eine Vorhersage wie die von Marx zur wachsenden Konzentration des Kapitals und der damit einhergehenden Verelendung der Massen hatte mit der Mobilisierung von Arbeiterbewegung und Gewerkschaften einen Effekt, der der Verelendung direkt entgegenwirkte. Es handelt sich also um ein den Sozialwissenschaften inhärentes Dilemma: „Thus, to the extent that the predictions of social scientists are made public and action proceeds with full cognizance of these predictions, the ‚other-things-being-equal' condition tacitly assumed in all forecasting is not fulfilled. Other things will not be equal just because the scientist has introduced a new ‚other thing' – his prediction." (Merton 1936a: 904).

Merton gelingt es in diesem hier ausführlich rekapitulierten Text von gerade elf Seiten, auf durchaus überzeugende Weise von trockenen, technischen Definitionen zum Handlungsbegriff zu grundlegenden Einsichten in die Dynamik sozialen Wandels zu leiten, die spürbare konkrete Relevanz haben. Gleich zu Beginn seiner Schaffensphase – Merton war bei Druck dieses Artikels 26 Jahre alt und hatte erst wenige Monate zuvor sein PhD-Studium abgeschlossen – fand er zu der ihm entsprechenden Publikationsform: weder das große Werk, noch der wissenschaftliche Normaufsatz mit klar eingegrenztem Thema. Stattdessen eine essayistische Form, mit der er die Balance zwischen der nüchternen Begriffs- und Theoriearbeit auf der einen Seite und sehr freien Explikationen, teils auch Exkursen und freizügigen Abschweifungen auf der anderen Seite hält.

Diese Form hat allerdings auch ihre Kosten, wie sich an diesem Beispiel zeigt. Denn ganz penibel betrachtet ist seine Darlegung zu den nichtintendierten Handlungsfolgen gar nicht schlüssig: Statt bei der Einschränkung zu bleiben, nur isolierte Handlungen zu betrachten, geht er ab dem dritten Faktor, der Unmittelbarkeit von Interessen, zu Handlungssystemen über, während die Überlegungen zu sozialen Vorhersagen den systematischen Rahmen insofern sprengen, als hier Dritte auf Vorhersagen reagieren. Sicherlich ließe sich eine theoretische Interpretation finden, in der die verschiedenen Faktoren eine geschlossene Matrix ergäben. Merton selbst hatte in einer Fußnote eine Buchpublikation zum Thema angekündigt, die vielleicht in diesem Sinne gedacht war (ebd.: 894; vgl. Merton 1998). Doch eher noch scheint es, als ginge es Merton nicht um die theoretische Geschlossenheit eines Systems, sondern um das, was er selbst ankündigt: eine Problemstellung, die einerseits theoretisch und begrifflich sauber fundiert ist, jedoch den Akzent auf die Explikation der weltlichen Relevanz legt. Das trifft sich dann mit der Form des Essays, der einerseits ein Versuch ist und insofern unabgeschlossen bleibt und andererseits einer Pointe bedarf.

Etwas Weiteres zeigt sich an diesem Text, denn bei seinem Thema handelt es sich ja eigentlich um einen Gemeinplatz, der im Alltag eine zwar ärgerliche, aber banale Erfahrung ist und in Philosophie und Sozialwissenschaften unzählige Male behandelt wurde. Ein Großteil von Mertons Text beschäftigt sich mit Aspekten, die unmittelbar einleuchten, wenn nicht ohnehin bekannt sind – etwa was genau einen dazu bringt, die Konsequenzen seiner Handlungen nicht zu bedenken, oder dass es gar nicht möglich ist, immer alle Folgen der eigenen Handlungen zu überblicken. Eher unmerklich eröffnet Merton das Thema und stellt die entscheidende soziologische Relevanz im Grunde erst mit Bezug auf die letzten beiden Punkten in wenigen Sätzen heraus. Doch betrachtet man vor dem Hintergrund von Mertons Text die soziale Welt, so ist kaum zu übersehen, wieviel sie in ihrer

Eigenart unerwarteten und nichtintendierten Handlungsfolgen verdankt. Manche, wie etwa Giddens (1988), gehen sogar so weit, dass sie eine ganze Sozialtheorie auf diesen Aspekt gründen: Dadurch, dass wir innerhalb des uns bekannten Rahmens agieren, reproduzieren wir ohne jede Intention gesellschaftliche Strukturen; dass es eine Sprache gibt, verdankt sich den Sprechern, die – obwohl sie ganz anderes vorhaben – durch ihr Sprechen die Sprache als solche zugleich reproduzieren.

Was sich hier zeigt, ist die Gabe, von der Davis im oben genannten Zitat spricht, Gewöhnliches mit außergewöhnlichen Augen zu sehen, das soziologisch Spannende oder sogar Grundlegende in dem zu erkennen, was hinlänglich bekannt scheint. Zugleich versteht es Merton in der Vermittlung seiner Einsichten, dem Leser das Gefühl zu geben, den Argumentationsgang unmittelbar nachvollziehen zu können: es scheint, als würde man sich nicht allzu weit von bekannten Ufern entfernen, und alles Neue wird auf eine Weise präsentiert, dass man meint, es intuitiv bereits verstanden zu haben: „So much of what he says is so beautifully obvious – so transparently true – that one can't imagine why no one else bothered to point it out." (Garfield 1980: 177).

2.2   Selbsterfüllende Prophezeiung

In „The Self-fulfilling Prophecy" knüpft Merton ([1948c] 1968) sichtlich an die Thematik der nichtintendierten Konsequenzen an. Selbsterfüllende Prophezeiungen sind ein spezieller Fall nichtintendierter Handlungsfolgen. Oben wurde bereits die Problematik der Vorhersage gesellschaftlicher Entwicklungen wie der Gesellschaftsplanung, die auf solche Vorhersagen angewiesen ist, beschrieben: Eine öffentliche Vorhersage ist ein neuer Faktor in der Situation, da Akteure auf diese Vorhersage reagieren und dadurch der Lauf der Dinge verändert wird. Im extremen Fall wird die Vorhersage zu einer „suicidal prophecy": sie selbst setzt Prozesse in Gang, die dazu führen, dass sie nicht eintritt, obwohl sie eigentlich richtig war. Doch auch der umgekehrte Fall ist vorstellbar: eine Prophezeiung, die erst dafür sorgt, dass das Prophezeite auch eintritt.

Die zugrundeliegende theoretische Logik verortet Merton im – von ihm so getauften – „Thomas-Theorem", das auf den berühmten US-amerikanischen Soziologen W. I. Thomas zurückgeht: „If men define situations as real, they are real in their consequences" (ebd.: 475).[7] Die selbsterfüllende Prophezeiung ist der iro-

---

7   Hintergründe und verschiedene soziologische Implikationen zur Benennung des Thomas-Theorems finden sich in Merton 1995b.

nische Grenzfall dieses Theorems: „The self-fulfilling prophecy is, in the beginning, a *false* definition of the situation evoking a new behavior which makes the originally false conception come *true*. The specious validity of the self-fulfilling prophecy perpetuates a reign of error. For the prophet will cite the actual course of events as proof that he was right from the very beginning." (ebd.: 477). Nicht nur haben subjektive Situationsdefinitionen selbst dann reale Konsequenzen, wenn sie objektiv falsch sind; sondern es gibt sogar das Phänomen, dass ursprünglich objektiv falsche Situationsdefinitionen die reale – und nichtintendierte – Konsequenz haben, wahr zu werden. Die „soziologische Parabel", die Merton zur Illustration eines solchen Prozesses skizziert, handelt vom überraschenden Niedergang einer solventen Bank, die durch falsche Gerüchte über ihre drohende Insolvenz – und den darauf einsetzenden Run auf die Bank – tatsächlich insolvent wird (ebd.: 476 f.).

Wenn sich auf diese Weise auch die theoretische Weiterentwicklung der Thematik nichtintendierter Folgen in „The Self-fulfilling Prophecy" rekonstruieren lässt, geht es Merton in diesem Text doch um etwas ganz anderes: Zunächst fällt auf, dass dieser Artikel nicht in einer soziologischen Zeitschrift erschienen ist, sondern in der Antioch Review, einer bekannten und auch heute noch erscheinenden Zeitschrift für Literatur und Gegenwartsfragen;[8] entsprechend kommt er mit einer einzigen Fußnote aus und verzichtet ansonsten auf Literaturhinweise, konzeptuelle Erörterungen und andere akademische Eigenheiten. Das wesentliche Stilmittel ist eine feine Ironie mit bitterem Beiklang, aber hoffnungsvollem Unterton. Und inhaltlich geht es eben nicht um sozialtheoretische Überlegungen zu den Implikationen nichtintendierter Handlungsfolgen, auch nicht um Banken und Bankenregulation, sondern um die selbstbestätigende und selbstverstärkende Logik von Rassismus und Diskriminierung. Es geht um soziologische Aufklärung, denn: „Were the Thomas theorem and its implications more widely known more men would understand more of the workings of our society. (…) As a result of their failure to comprehend the operation of the self-fulfilling prophecy, many Americans of good will are (sometimes reluctantly) brought to retain enduring ethnic and racial prejudices." (ebd.: 478).

Ein erstes einfaches Beispiel für die Rolle selbsterfüllender Prophezeiungen liefert Merton der in den 1940er Jahren noch verbreitete Ausschluss von Schwarzen aus den Gewerkschaften; begründet wurde diese Maßnahme damit, dass Schwarze den weitaus überproportionalen Teil der Streikbrecher stellten, statt

---

8	Merton (1998: 299, 305 ff.) zufolge gezielt in der Absicht, Thema und Konzept schnell einer breiten Öffentlichkeit vorzustellen.

sich mit den Streikenden zu solidarisieren. Doch tatsächlich blieb jenen, die nicht zu den Gewerkschaften zugelassen wurden, kaum etwas anderes übrig, als jeden Job zu nehmen, der sich ihnen bot – und vor allem bei Streiks wurden viele Arbeiter als Streikbrecher benötigt, ohne dass man sich um Ausbildung, Herkunft oder Hautfarbe scherte. Die Prophezeiung, dass Schwarze Streikbrecher seien, wird also erst durch den Ausschluss aus den Gewerkschaften wahr – das Argument für den Ausschluss basiert auf Fakten, die erst durch den Ausschluss geschaffen werden.

Was folgt, ist eine Darstellung des „„damned-if-you-do and damned-if-you-don't process in ethnic and racial relations" (ebd.: 480), den Merton mit Ironie und Bewusstsein für das Tragikomische daran nachzeichnet. Wie schon im Beispiel der Gewerkschaften sorgt die selbsterfüllende Prophezeiung dafür, dass Outgroups die Tugenden der weißen protestantischen Ingroup aufgrund von Diskriminierung nicht erfüllen *können* und dies die Begründung für ihre Diskriminierung darstellt: Wenn die Outgroup als minderwertig gilt, wird man etwa keine Bildungsausgaben auf sie „verschwenden" wollen und dann feststellen können, dass sie in Bezug auf Bildung tatsächlich unterdurchschnittliche Leistungen aufweist.

Doch selbst wenn die Outgroup alle Tugenden der Ingroup zeigt, ergeht es ihr nicht besser: Eine eigentümliche Moralalchemie sorgt dafür, dass die Tugenden der Ingroup in den Händen der Outgroup zur Untugend werden. Diese Moralalchemie beruht auf der einfachen Formel, dass die Bewertung eines Verhaltens unterschiedlich ausfallen muss, je nach der Person, die es ausübt: „For example, the proficient alchemist will at once know, that the word ‚firm' is properly declined as follows: I am firm; Thou art obstinate; He is pigheaded." (ebd.: 482).[9] Mit dieser Regel vergleicht Merton das Verhalten des Nationalhelden und großen Vorbilds Abe Lincoln mit Abe Cohen als einem fiktionalen Angehörigen der jüdischen Outgroup und Abe Kurokawa als einem fiktionalen Angehörigen der japanischen Outgroup. Ohne ins Detail zu gehen, wird wohl hier schon deutlich geworden sein, mit wie viel Witz und Ironie Merton die Winkelzüge rassistischer und diskriminierender Stigmatisierungen entblößt.

Was sind nun für Merton die Schlussfolgerungen aus diesem tragischen Dilemma der selbsterfüllenden Prophezeiung? Wie er ausführt, bringen Aufklärungskampagnen gar nichts. Die Parabel der Bank, die durch Gerüchte insolvent wurde, ist dabei instruktiv, denn öffentliche Bekundungen ihrer Solvenz und Appelle würden kaum jemanden abhalten, sein Geld doch besser in Sicherheit

---

9   In etwa: Ich bin willensstark – Du bist stur – Er ist starrsinnig.

zu bringen. Was hilft, sind institutionelle Reformen, im Falle der Banken Einlagensicherungsfonds und Regulation der Bankgeschäfte, wie sie in Mertons Jugend durch den Banking Act of 1933 – auch bekannt als Glass-Steagall Act – unter Roosevelt eingeführt wurden. Anhaltspunkte dafür, dass institutionelle Reformen auch im Fall von Rassismus und Diskriminierung helfen können, findet Merton in der von ihm gemeinsam mit Patricia S. West und Marie Jahoda ab Mitte der 1940er Jahre durchgeführten „Housing Study", speziell in den Befunden der Studie zu Hilltown, einem ethnisch gemischten Siedlungsprojekt in Pittsburgh, bei dem die Hälfte der Bewohner schwarz und die andere Hälfte weiß war. Während anfangs 20 % der weißen zukünftigen Bewohner große Probleme erwarteten und der überwiegende Rest allenfalls von einer leidlich erträglichen Situation ausging, mussten schon bald 75 % zugeben, dass Schwarze und Weiße recht gut miteinander auskamen (vgl. Merton/West/Jahoda 1949; Jahoda/West 1951). Wenn auch viele institutionelle Reformen scheitern, so Mertons Fazit, so sagt das gar nichts; entscheidend sind die Erfolge, denn von ihnen lässt sich lernen, und er schließt mit den Worten von Thomas Love Peacock: „Whatever is, is possible" (Merton [1948c] 1968).

Als Fortsetzung der stark theoretisch orientierten Arbeit zu den nichtintendierten Handlungsfolgen findet sich hier ein engagiertes Plädoyer für soziale Reformen. Beide Texte verbindet der besondere soziologische Blick für die sozialen Mechanismen und Problematiken hinter der Fassade individuellen Irrtums und psychologischer Fehlleistungen im einen, selbstgerechter Borniertheit und rassistischer Vorurteile im anderen Fall. Und so, wie Merton in den „Unanticipated Consequences" schnell den Bogen von abstrakt-sozialtheoretischen Überlegungen hin zu Aspekten sozialen Wandels und sozialer Planung, zur soziologischen Theorie schlägt, so schlägt er hier den Bogen von einer soziologischen Interpretation der eigentümlichen Logik von Rassismus und Diskriminierung hin zu einer Perspektive institutioneller Reform. Wie in den folgenden Kapiteln noch zu sehen sein wird, macht für Merton sozialtheoretische Reflexion ohne soziologische Theorie, Theorie ohne Empirie und die Diagnose gesellschaftlicher Fehlentwicklungen ohne die Frage nach Möglichkeiten der Reform keinen Sinn – und gleiches gilt umgekehrt, denn selbst der Endpunkt, etwa die Rolle sozialwissenschaftlicher Experten und Expertise in der öffentlichen Verwaltung (Merton 1945b, 1949c) oder die Determinanten der öffentlichen Wahrnehmung von sozialen Missständen und Problemen sind für ihn empirisch wie theoretisch zu bearbeiten (Merton 1961a).

Die sozialreformerische und -liberale Haltung schließlich, die hier und in vielen von Mertons Arbeiten implizit oder auch explizit (Merton ([1938b] 1968;

Merton/Montagu 1940; Merton 1948d; Merton/West/Jahoda 1949; McKeon/Merton/Gellhorn 1957) zum Ausdruck kommt, hat wenig mit einem Selbstverständnis als öffentlicher Soziologe oder engagierter Intellektueller zu tun. Durchaus stark ist die Idee, durch das Verständnis der sozialen Mechanismen, die zu gesellschaftlichen Fehlentwicklungen führen, etwas zu ihrer Korrektur und zu einer soziologischen Aufklärung beizutragen – wie hier in der „Self-fulfilling Prophecy" oder etwa wenn Merton ([1940] 1968; Merton et al. 1952) in seinen Arbeiten zur Bürokratie an Webers Rationalisierungsthese zwar anschließt, aber nach den Dysfunktionen *bestimmter* bürokratischer Strukturen fragt und damit die düstere Weber'sche Perspektive pragmatisch aufbricht. Doch das Wesentliche für Merton scheint nicht der Nutzen der soziologischen Erkenntnis zu sein, sondern die Erkenntnis selbst: „In the narrow sense of having a practical function, is art useful? Is music useful? Is literature useful? And if not, should we do away with them? What a narrow, subversive notion of what life is about. No, no. For me the meaning of life is the pursuit of fundamental knowledge – wherever it leads" (zit. n. Schultz 1995: 77; vgl. Sztompka 1986: 11 ff.).

2.3   Matthäus-Effekt

Ein besonderes Merkmal der Wissenschaft, das zugleich ihre relative Autonomie gegenüber anderen gesellschaftlichen Sphären ausmacht, ist ihr Belohnungssystem. Denn die im engeren Sinne eigentliche Belohnung für wissenschaftliche Anstrengungen ist, so Merton, die Anerkennung durch andere Fachwissenschaftler des Feldes, die entsprechend der wissenschaftlichen Leistung ungleich verteilt ist. So weit so gut. Auffällig ist jedoch, dass etwa bei den höchsten wissenschaftlichen Ehrungen wie dem Nobelpreis eine ganze Reihe von Wissenschaftlern, die ebenso viel wenn nicht sogar mehr zum wissenschaftlichen Fortschritt beigetragen haben, leer ausgehen. Der Kern dieses Phänomens zeigt sich ganz deutlich am Beispiel der Académie française, die seit alters her genau 40 „Unsterbliche" in ihre Reihen beruft – nicht mehr, nicht weniger. Zu den Größen, die mit dem „41. Stuhl" vor der Tür vorlieb nehmen und sich ihre Unsterblichkeit selbst verdienen mussten, gehören unter anderem Descartes, Molière, Bayle, Rousseau, Saint-Simon, Diderot, Stendhal, Flaubert, Zola und Proust (Merton 1968c: 56). Dieses Muster läuft darauf hinaus, dass einige wenige in den Pantheon gehoben werden, andere hingegen – ob durch Zufall, Irrtum, Intrigen, Mehrfachentdeckungen oder was auch immer – trotz höchster Leistungen leer ausgehen. Doch nicht nur das; zugleich wird auch eine qualitative, geradezu absolute Grenze eingezogen zwischen denen, die so in den Gnadenstand erhoben werden, und den anderen, die nach wie vor zum gemeinen Volk zählen. Fast reflexartig wird von einem Nobelpreisträger auch in der Zukunft nur Großes erwartet: einmal Nobelpreisträger, immer Nobelpreisträger. Andere hingegen müssen sich bei jedem Schritt erneut bewähren.

Mertons Argument ist nun, dass im Zweifel Forschungsergebnisse von Nobelpreisträgern, aber auch anderen, in der Wissenschaftsgemeinschaft als bedeutend geltenden Forschern als wichtiger wahrgenommen werden als die von weniger bekannten oder jüngeren Forschern. Ko-Autorenschaft und Mehrfachentdeckungen sind Kontexte, in denen dieser Effekt besonders spürbar zum Ausdruck kommen dürfte. Im Fall der Ko-Autorenschaft wird, wenn einer der Autoren ungleich berühmter ist als die übrigen, oft einfach davon ausgegangen, dass auf diese Person auch wesentliche Inhalte zurückgingen, während die anderen Beteiligten „nur mitgemacht" hätten. Im Fall von Mehrfachentdeckungen geschieht es leicht, dass die wichtige Entdeckung des bereits als bedeutend geltenden Forschers nahezu umgehend als solche wahrgenommen wird, während die identische und zeitgleiche Entdeckung von unbekannten Kollegen alle Chancen hat, entweder gar nicht oder nicht als bedeutend wahrgenommen zu werden.

Diese Sicht der Dinge findet Merton ganz explizit dort, wo man sie vielleicht am wenigsten vermuten würde, nämlich in einer Reihe von Interviews mit Nobelpreisträgern, die Harriet Zuckerman, Mertons zweite Frau, im Rahmen einer Studie (Zuckerman 1977) durchgeführt hat. Denn ein wiederkehrendes Thema in diesen Interviews war die Beobachtung, dass bedeutende Wissenschaftler *unverhältnismäßig viel* Anerkennung für ihre Beiträge zur Wissenschaft erhalten, während eher unbekannte Wissenschaftler *unverhältnismäßig wenig* Anerkennung für durchaus vergleichbare Beiträge erhalten. Merton (1968c: 57) zitiert einen Physiker mit den Worten: „The world is peculiar in this matter of how it gives credit. It tends to give the credit to (already) famous people." Und ein anderer Nobelpreisträger in Physik schildert seine frühen Erfahrungen: „When you're not recognized, he recalls, it's a little bit irritating to have somebody come along and figure out the obvious which you've also figured out, and everybody gives him credit just because he's a famous physicist or a famous man in his field." (ebd.: 58).

Die eigentümliche und drastische Logik, die sich hier zeigt, bezeichnet Merton nach der bekannten Stelle im gleichnamigen Evangelium als Matthäus-Effekt: „Denn wer da hat, dem wird gegeben werden, und er wird die Fülle haben; wer aber nicht hat, dem wird auch, was er hat, genommen werden." (Mt 25, 29). Während das Belohnungssystem der Wissenschaft eigentlich Anerkennung entsprechend der kollegialen Einschätzung der Leistung vergibt, sorgt der Matthäus-

Effekt für deutliche Verzerrungen: eine kumulative Häufung der Anerkennung zur Spitze hin und die Verweigerung von Anerkennung nach unten hin. „So great is this problem", schreibt Merton (ebd.: 58), „that we are tempted to turn again to the Scriptures to designate the status-enhancement and status-suppression components of the Matthew effect. We can describe it as ‚the Ecclesiasticus component', from the familiar injunction ‚Let us now praise famous men', in the noncanonical book of that name."

Die Verzerrungen im Belohnungssystem der Wissenschaft durch den Matthäus-Effekt haben offenkundig dysfunktionale Konsequenzen sowohl in individueller Hinsicht, als viele Leistungen nicht oder erst mit Verzögerung angemessen gewürdigt und damit belohnt werden, wie auch für die Wahrnehmung der Leistungsgerechtigkeit dieses Systems. Merton bleibt dabei jedoch nicht stehen, denn wie er anhand des Kommunikationssystems der Wissenschaft aufzeigt, hat der Matthäus-Effekt durchaus auch positive Funktionen. Denn einerseits ermöglicht er die Orientierung angesichts einer kaum mehr erfassbaren Menge an Publikationen. Nach einer von Merton zitierten Studie werden etwa die Beiträge in den Kernzeitschriften der Psychologie gerade von 1 % der Psychologen gelesen oder zumindest durchgesehen (ebd.: 59). Der Fokus auf die Arbeiten berühmter Kollegen ist somit ein Mechanismus, der dafür sorgt, dass Erkenntnisse überhaupt in der Breite rezipiert werden. Andererseits kann der Matthäus-Effekt dazu beitragen, dass radikal neue Erkenntnisse tatsächlich wahrgenommen werden und nicht aufgrund ihrer großen Abweichung vom bestehenden Erkenntnisstand verworfen werden. In diesem Sinne dann kann der Matthäus-Effekt als in Hinsicht auf das Belohnungssystem dysfunktional und zugleich funktional für das Kommunikationssystem der Wissenschaft gelten.

Mit Blick auf die ersten beiden in diesem Kapitel betrachteten Texte handelt es sich beim Matthäus-Effekt um einen speziellen Fall der selbsterfüllenden Prophezeiung, denn die unverhältnismäßig hohe Anerkennung, die bereits als bedeutend geltenden Wissenschaftlern zukommt, führt dazu, dass ihre Forschungsvorhaben von vornherein als bedeutend gelten. Das übersetzt sich in die Bereitschaft von Kollegen und Instituten zur Kooperation und Unterstützung, das Engagement aufopferungswilliger Nachwuchswissenschaftler, die Verfügbarkeit von Mitteln und schließlich in die erwartungsvolle Rezeption der Ergebnisse. Im bei dieser Ressourcenlage kaum verwunderlichen Fall des Erfolgs belegen die Fakten, dass die Prophezeiung sich tatsächlich erfüllt hat; doch selbst im schlechtesten Fall lassen sich solch große Unternehmungen von bedeutenden Forschern als wichtige, aber leider noch nicht erfolgreiche Versuche, gar als ein heroisches Scheitern würdigen.

Selbst als spezieller Fall eines speziellen Falls ist der Matthäus-Effekt alles andere als ein Detailphänomen, sondern überall bedeutsam, wo denjenigen gegeben wird, die bereits haben, weil sie bereits haben; und wo denjenigen genommen wird, die nicht haben, eben aus dem einschlägigen Grund, dass sie nicht haben. Man könnte hier an das Bildungssystem denken, wo die frühreifen Kinder, die bereits etwas können, weiter gefördert werden und dadurch umso leichter die ihnen attestierte Begabung bestätigen können; diejenigen hingegen, die in irgendeiner Hinsicht noch etwas jünger oder unreifer sind, oder die erst in der Schule lernen müssen, was andere schon von zuhause mitbringen, werden das Etikett mangelnder Begabung angesichts des erhöhten Förderbedarfs mit ungewissem Erfolg ungleich schwerer loswerden.

Auch das bekannte Wort, dass die Reichen reicher, die Armen ärmer werden, scheint auf den ersten Blick ein Fall des Matthäus-Effekts. Allerdings ist hier genauer zu prüfen, welche Mechanismen dafür sorgen, dass Reichtum zu Reichen, Armut zu Armen kommt: Wenn Reiche aufgrund ihres Vermögens investieren und dadurch ihr Vermögen mehren können, Arme hingegen ohne Vermögen kaum eine Möglichkeit dazu haben, so handelt es sich nicht um den Matthäus-Effekt, sondern schlicht darum, dass „wer nicht wagt, der nicht gewinnt". Erhält jedoch ein Großunternehmer Aufträge allein deshalb, weil er ein Großunternehmer ist, obwohl ein kleinerer Konkurrent ein besseres Angebot gemacht hat, so könnte es sich durchaus um den Matthäus-Effekt handeln – oder schlicht um Korruption.

Bereits die nichtintendierten Handlungsfolgen und die selbsterfüllende Prophezeiung sind griffige, prägnante und geradezu suggestive Begriffsschöpfungen, die einen unmittelbaren Eindruck des Gemeinten vermitteln. Merton war ohne Frage ein Meister darin, Ideen *auf den Begriff* zu bringen, und der Matthäus-Effekt mag als eines der Meisterwerke gelten. Das hängt, wie Coser anmerkt, wieder eng mit dem soziologischen Blick zusammen: „an important aspect of this ability to build extraordinary insights from the common clay of the quotidian empirical world is Merton's ability to coin new sociological terms and categories. Naming is creating, the Word is the beginning of all things; hence, the sociological world assumed a different shape when Role-Set, Serendipity, Matthew Effect, the Self-Fulfilling Prophecy, and *tutti quanti* began to become familiar features of the furniture of the sociological mind." (Coser/Nisbet 1975: 9).

Nimmt man dies zusammen mit der Präzision und Eingängigkeit der Sprache, seiner Fähigkeit, komplexe Zusammenhänge klar und anschaulich darzustellen, und der feinen Ironie, die er wohlplatziert einzusetzen weiß, so hat man einige der wesentlichen Faktoren, die seine theoretischen Arbeiten enorm anschlussfähig für die empirische Forschung gemacht haben (vgl. Stinchcombe 1975: 11, 26 ff.). Zugleich aber erweist sich diese Leichtigkeit auch oft als irreführend, wie am Matthäus-Effekt und seinen teils sehr freien Übertragungen deutlich wird (vgl. Zuckerman 2010). Die Ausführungen Mertons zum Matthäus-Effekt sind zwar konsistent und eindeutig, doch verwendet Merton wenig Mühe auf eine explizite konzeptuelle Klärung, die dem Leser überlassen bleibt. Wie in den folgenden Kapiteln noch zu sehen sein wird, hat Merton diese Arbeit der Kodifizierung als ganz wesentlich angesehen und sich auch selbst in vielen Kontexten darum bemüht. Jedoch scheint er diese Arbeit gerade bei einigen seiner bekanntesten Begriffsschöpfungen vernachlässigt zu haben, die dafür umso suggestiver wirken können. Man könnte mit Bierstedt (1981: 486) sagen „Ideas are toys for Merton, coloured balls to be conjured out of nowhere, thrown in the air, and caught again with a magician's flair and finesse." Doch um diese Ideen zu begreifen, kann man sich auf den schönen Schein und die Eleganz der Darstellung nicht einfach verlassen.

2.4   Soziologische Ambivalenz

Die Thematik der nichtintendierten Handlungsfolgen zieht sich wie ein roter Faden durch das Werk Mertons, vom gleichnamigen Aufsatz (Merton 1936) und seiner Disseration (Merton 1938a) über die latenten Funktionen und Dysfunktionen (Merton [1949b] 1968), das Serendipity-Muster (Merton [1948b] 1968; Merton/Barber 2004), die selbsterfüllende Prophezeiung (Merton [1948c] 1968) bis hin zum Matthäus-Effekt (1968c), um nur die bekanntesten Beispiele anzuführen (vgl. Merton 1998). Gleiches gilt im Grunde genommen für die Thematik der soziologischen Ambivalenz, die bereits in frühen Aufsätzen wie „Social Structure and Anomie" (Merton 1938b) oder „Bureaucratic Structure and Personality" (Merton [1940] 1968) präsent ist und ein wiederkehrendes Thema in seiner Wissenschaftssoziologie darstellt (Merton 1942, 1957, 1965), allerdings erst 1963 als eigenes Thema explizit behandelt wurde (Merton/Barber [1963] 1973).

Der Begriff der Ambivalenz stammt eigentlich aus der Psychologie und bezeichnet das Nebeneinander von widersprüchlichen Gefühlen, Gedanken oder Wünschen denselben Personen oder Objekten gegenüber. Doch wie Merton und Barber ([1963] 1973) in „Sociological Ambivalence" deutlich machen, gibt es auch genuin soziologische Ambivalenz, die nicht in der Persönlichkeit, sondern in der Sozialstruktur gründet und als eine häufige Ursache widersprüchlicher Gefühle und anderer Formen psychologischer Ambivalenz gelten kann. Soziologische Ambivalenz im weiteren Sinne bezieht sich auf inkompatible normative Erwartungen an die Einstellungen, Überzeugungen und das Verhalten, die an einen bestimmten Status oder ein Status-Set geknüpft sind; im engeren Sinne betrifft sie inkompatible normative Erwartungen an eine einzelne Rolle, etwa an die therapeutische Rolle des Arztes, von dem sowohl professionelle Distanz gegenüber dem Patienten als auch Mitgefühl erwartet werden. Über die mit (1) einer einzelnen Rolle, (2) den verschiedenen Rollen eines Status und (3) den verschiedenen Status eines Status-Sets verbundenen Konflikte und resultierenden Arten von Ambivalenz hinaus macht Merton drei weitere Quellen von Ambivalenz aus: (4) widersprüchliche kulturelle Werte; (5) Widersprüche zwischen den kulturell vorgegebenen Aspirationen und den sozial strukturierten Mitteln, diese zu realisieren; und schließlich (6) Widersprüche zwischen den kulturellen Werten von verschiedenen Ländern, in denen eine Person sich länger aufgehalten hat, beispielsweise bei Migranten.

Dieses Vorgehen, ein aus der Psychologie oder Sozialpsychologie stammendes Konzept zu entleihen, um ihm dann eine genuin soziologische Bedeutung zu geben, findet sich bei Merton häufig. Bemerkenswert ist dabei weniger das Wildern in angrenzenden Disziplinen, als die sorgfältige analytische Differenzierung zwischen dem jeweiligen soziologischen und psychologischen Konzept. Wie an diesem Beispiel sehr gut zu sehen ist, geht es eben nicht um die Aneignung eines psychologischen Themas durch die Soziologie, sondern um die Weiterentwicklung der Forschungsthematik, die in der Folge dann eher zu einer wechselseitigen Befruchtung der Disziplinen in ihren jeweiligen Forschungsperspektiven führt.

Merton richtet seine Aufmerksamkeit vor allem auf den Kernbereich von soziologischer Ambivalenz innerhalb einer Rolle, die er am Beispiel von Ärzten – professionelle Distanz vs. Mitgefühl –, Wissenschaftlern – Originalität vs. Bescheidenheit – und Führungskräften in der Privatwirtschaft – Profit vs. Leistung – untersucht (Merton [1957 f] 1976: 71 ff., [1973] 1976, [1970] 1976). Seine zentrale These ist: „since these norms cannot be simultaneously expressed in behavior, they come to be expressed in an oscillation of behaviors" (Merton/Barber [1963] 1976: 8).

Dieses Oszillieren als Reaktion auf sozialstrukturell begründete Ambivalenz eröffnet schon für sich genommen eine interessante soziologische Perspektive auf das Verhalten von Personen in bestimmten Rollen oder Funktionen, das wir täglich beobachten können, ob an uns selbst, beim Gang zum Arzt oder zu einer Behörde, oder in den Arztserien im Fernsehen, die das Verhältnis zwischen Mitgefühl und Distanz bisweilen umkehren mögen, aber nie auslassen. Die eigentliche soziologische Relevanz liegt jedoch in der Bedeutung dieser These für die Struktur

von sozialen Rollen und die Implikationen für die soziologische Theorie. Denn
hatte etwa Parsons (1951) soziale Rollen als kohärente Sets normativer Erwartungen betrachtet, so lässt sich diese Auffassung nicht länger halten: *„From the perspective of sociological ambivalence, we see a social role as a dynamic organization
of norms and counter-norms (…) the major norms and minor counter-norms al-
ternatively govern role-behavior to produce ambivalence"* (Merton/Barber [1963]
1976: 17, Herv. i. Orig.).

Parsons selbst räumt zwar ein, dass die dominanten Attribute sozialer Rollen
nicht sämtliche Handlungen bestimmen; die Gegennormen stehen jedoch in di-
rekter Opposition zu den normativen Erwartungen, die Parsons als dominant erklärt, sodass sie aus seiner Sicht als deviant gelten müssten. Und diese Gegennormen lassen sich auch nicht einfach als residuale Aspekte auffassen, denn sie bilden
einen integralen Bestandteil von Rollen, ohne den diese angesichts der Kontin-
genzen sozialer Verhältnisse überhaupt nicht leistungsfähig wären. Zeigt damit
die soziologische Ambivalenz im engeren Sinne auf, dass selbst einzelne Rollen nicht als normativ integriert betrachtet werden können, wie die Parsons'sche
Theorie vorsieht, so gilt dies umso mehr für die umfassenderen Kontexte der soziologischen Ambivalenz im weiteren Sinne: nicht normative Integration ist der
Fixpunkt, sondern sozial strukturierte Ambivalenz.

Donald Levine hat einmal festgestellt, „that a pronounced – I would say extraordinary – sensibility to the dualities of social life informs Merton's work early
and late" (Levine 1978: 1278). Die Thematik der soziologischen Ambivalenz steht
ganz im Zeichen dieser Sensibilität, die schon im frühen Aufsatz zur Anomie
überaus deutlich zum Ausdruck kommt.[10] Mertons (1997: 517) eigener Auskunft
nach war dieser Aufsatz aus dem Gefühl heraus entstanden, dass die theoretische
Soziologie sich zu sehr auf konformes Verhalten konzentriert hätte.[11] Sein Vorschlag zur Erklärung abweichenden Verhaltens richtet sich auf die Widersprüche
zwischen Kultur – als den kulturell vorgegebenen Aspirationen – und Sozialstruktur – als den sozial strukturierten Mitteln, die vorgegebenen Ziele zu realisieren
(Merton [1938b] 1968). Unter Umständen kann abweichendes Verhalten also eine
völlig „normale" Reaktion auf eine ambivalent strukturierte Situation darstellen.

---

10 Wie unten in Kapitel 5.1 noch genauer dargelegt wird, hatte Merton hier die Ursache abweichen-
    den Verhaltens in Widersprüchen zwischen den kulturell vorgegebenen Aspirationen und den
    sozial strukturierten Mitteln, diese zu realisieren, verortet. Diese Konstellation findet sich dann
    auch entsprechend als fünfte der sechs oben gelisteten Arten von Ambivalenz wieder.

11 In ähnlicher Weise sollte Merton (1948a, [1949b] 1968: 104 ff.) ab Mitte der 1940er Jahre gegen
    Parsons' Richtung der Theoriebildung argumentieren, s. u. Kap. 3.4.

Hatte die Thematik der nichtintendierten Handlungsfolgen das Unerwartete, Nichtbeabsichtigte und mitunter auch Perverse herausgestellt, das mit zweckgerichteten und vielleicht auch wohlmeinendem Handeln verbunden ist, so betont die Thematik der soziologischen Ambivalenz die „Normalität" nonkonformen Verhaltens und normativer Konflikte, die Widersprüchlichkeit und Konflikthaftigkeit der normativen Ordnung und die komplexe Normativität des Sozialen. Diese Aufmerksamkeit für das, was sich in der synchronen wie in der diachronen Perspektive nicht fügt, ist wohl eines der ganz wesentlichen Charakeristika des soziologischen Blicks.

3 Mertons Konzeption der Soziologie

Robert Merton entwickelt seine Konzeption der Soziologie als (noch) junger Wissenschaft auf der Grundlage vielfältiger Einflüsse. Neben den unterschiedlichen Strängen der amerikanischen Soziologie ist die gesamte europäische Tradition der Soziologie wie auch der Wissenschaft insgesamt entscheidend. Es geht Merton hier um mindestens drei wichtige Aspekte: zunächst um ein systematisches Verständnis soziologischer Theorie, ferner um ein spezifisches Wissenschaftsverständnis, das der Soziologie zugrunde liegt und in den zwei zentralen Momenten der Problemdefinition und der von Merton als zentral erachteten Begriffsbildung zum Ausdruck kommt; und schließlich geht es um die Theorien mittlerer Reichweite.

3.1 Geschichte und Systematik soziologischer Theorie

In programmatischer Hinsicht hat Merton im Einführungsaufsatz „On the History and Systematics of Sociological Theory" (Merton 1968a) in *Social Theory and Social Structure* die Soziologie darauf verpflichtet, künftig klar zwischen der Nacherzählung der Geschichte und geschichtlichen Entwicklung soziologischer Theorie auf der einen Seite, ihrer systematischen Analyse auf der anderen Seite zu unterscheiden.

Im Gegensatz zu den reiferen Wissenschaften sieht Merton hier eine fast unentwirrbare Verquickung beider Stränge, von der die Soziologie sich aber notwendig lösen müsse, wenn sie denn auf ihrem Weg zu einer reiferen Wissenschaft vorankommen wolle. In ihrer Lage zwischen den Natur- und den Geisteswissenschaften sieht Merton, dass die Soziologie aufgrund einer unzureichenden Kodifizierung ihres Wissensbestandes sich immer aufs Neue ihrer Grundlagen versichern müsse. Auch deshalb könne man feststellen, dass Soziologen sich immer wieder mit den Arbeiten der Gründerväter der Disziplin beschäftigten, ohne darüber hinauszukommen.

Die Auseinandersetzung mit den Klassikern und Gründervätern des Faches lehnt Merton allerdings nicht ab – er selbst steht fest in der Tradition der europäischen klassischen Gesellschaftstheorie –, doch diese Beschäftigung darf nicht zum Selbstzweck verkommen. So unterscheidet er zwei prinzipielle Möglichkeiten einer Beschäftigung mit der klassischen Soziologie: Die eine besteht in einer blutleeren Wiederholung und Exegese dessen, was Marx, Durkheim, Weber und all die anderen schon gesagt haben; hier warnt Merton davor, dass dieses Vorgehen notwendig zu einer Banalisierung der Soziologie beitragen müsse. Die Alternative hierzu ist, dass die Beschäftigung mit den klassischen Ansätzen zur Weiterentwicklung der von den Gründervätern entwickelten Ideen und Perspektiven führt. Was Merton sich von dieser zweiten Herangehensweise erhofft, ist nicht weniger als ein Prozess, in dem es, wie in den reiferen Wissenschaften, zu einer inkrementellen Anhäufung soziologischen Wissens kommt. Der so entstehende Fundus soziologischen Wissens sollte als geteiltes Wissen der Disziplin gelten, was unweigerlich zu einer Kodifizierung des theoretischen Wissens der Soziologie führen würde. „Geschichte soziologischer Theorie" bedeutet dann nicht mehr einfach, den historischen Verlauf eines inkrementell anwachsenden soziologischen Wissens nachzuerzählen, sondern zu analysieren, wie sich Ideen systematisch entwickeln, welche Brüche in diesen Prozessen zu beobachten sind, wie an vorher zu Tage gefördertes Wissen angeknüpft wird oder Ideen auch wieder verworfen werden: „A genuine *history* of sociological theory must extend beyond a chronologically ordered set of critical synopses of doctrine; it must deal with the interplay between theory and such matters as the social origins and statuses of its exponents, the changing social organization of sociology, the changes that diffusion brings to ideas, and their relations to the environing social and cultural structure" (Merton 1968a: 35).

3.2　Das Wissenschaftsverständnis

Im Mittelpunkt von Mertons Wissenschaftsverständnis stehen eine spezifische Vorstellung von Wissenschaftlichkeit und eine spezifische Konzeption der Soziologie als erklärender Wissenschaft:[12]

Wissenschaftlichkeit: Spekulativen philosophischen Systemen stand Merton von Beginn an ablehnend gegenüber; entscheidende Fortschritte der Disziplin erwartete er hingegen von einer am naturwissenschaftlichen Ideal orientierten Perspektive: Die Wissenschaftlichkeit der Soziologie erweist sich danach daran, dass der Forschungsprozess weder von philosophischen Vorstellungen noch vom Alltagswissen sozialer Akteure bestimmt wird, sondern systematischer Natur ist, me-

---

12　Die folgenden Unterkapitel stellen eine überarbeitete Fassung von Mackert 2008 dar.

thodologisch angeleitet wird und den Kriterien der Disziplin entsprechend verläuft; außerwissenschaftliche Bewertungsgrundlagen scheiden daher aus; weder ethische, moralische oder politische Aspekte sind hierfür maßgebend; die Soziologie ist vielmehr auf die Auffindung empirischer Regelmäßigkeiten gerichtet, die sie mittels empirischer und rationaler (anstelle spekulativer) Forschung entdeckt; die Vorgehensweise der Soziologie kann induktiv oder deduktiv sein; sie hat empirischen und theoretischen Charakter; und schließlich sind ihre Ergebnisse von kognitivem und dadurch auch praktischem Wert (vgl. Sztompka 1986: 88 ff.).

Soziologie als erklärende Wissenschaft: Als zentrale Aufgabe der Soziologie erachtete es Merton, Erklärungen für beobachtete Regelmäßigkeiten sozialen Verhaltens, sozialer Organisation und sozialen Wandels zu geben. Soziologische Forschung zielt zuerst und vor allem darauf ab, den Zusammenhang zwischen dem bewussten und zielgerichteten Handeln sozialer Akteure und den aus diesem Handeln resultierenden Effekten und den institutionellen Folgen zu *beschreiben* und zu *erklären*. Zunächst erfordert die Untersuchung die klare Beschreibung des zu analysierenden Sachverhalts. Sie betrachtet nicht nur den interessierenden Aspekt der sozialen Wirklichkeit, sie geht vielmehr deutlich darüber hinaus und umfasst die Beziehungen der daran beteiligten Personen, ihre Interaktionen, deren Veränderungen etc. Dieser systematische Zugang ist struktureller Art, denn die Beschreibung dient dazu, die Position der Individuen und Gruppen in der sozialen Struktur zu identifizieren und so die strukturellen Bedingungen sozialen Handelns zu klären. Die an diese Beschreibung anschließende Erklärung sozialer Prozesse widmet sich der Frage, wie Veränderungen der sozialen Struktur die Wahrscheinlichkeit des Auftretens eines spezifischen sozialen Handelns bedingen. Das daraus resultierende strukturelle Erklärungsprogramm kann als die eigentliche theoretische Leistung Mertons bezeichnet werden (vgl. Schmid 1998).

3.3 Der Forschungsprozess: Problemdefinition und Begriffsbildung

Als erste Schritte des Forschungsprozesses lassen sich die Definition des zu untersuchenden Problems sowie die Generierung forschungsleitender Begriffe bestimmen. Die Definition relevanter sozialer und soziologischer Probleme – die, die für die Gesellschaft von Interesse sind und jene, denen der Soziologe sein Interesse widmet – ist, wie Merton erklärt, häufig schwieriger als sie zu lösen. Verkompliziert wird dieser Prozess durch die Unterscheidung zwischen manifesten und latenten sozialen Problemen. Während erstere offen zutage treten, da es sich um Bedingungen handelt, die den Interessen und Werten der Gesellschaft widersprechen, verweisen letztere auf gruppenspezifische Problemlagen: hier handelt es sich um solche sozialen Bedingungen, die zu den Interessen und Werten einzelner Gruppen im Widerspruch stehen und deshalb Konflikte generieren können. Im Falle latenter Probleme kommt der Soziologie die Aufgabe zu, diese als Probleme zu entdecken und zu definieren und sie so in manifeste Probleme zu überführen. Im Hinblick auf soziale und soziologische Probleme lassen sich vier wichtige Aspekte benennen (vgl. Sztompka 1986: 93 ff.):

Erkenntnis vs. Reform: Zum einen können Fragen aufgeworfen werden, die darauf abzielen, soziale Bedingungen oder Prozesse des sozialen Lebens besser zu verstehen; zum anderen kann es aber auch um die praktische Frage der Lösung bestimmter Probleme gehen.

Differenzielle Betroffenheit: Da soziale Akteure oder Gruppen unterschiedliche Positionen in der sozialen Struktur einnehmen, stellt sich die Frage, für wen ein soziales Problem überhaupt als solches auftritt. Interessen können sich hier widersprechen, denn die Nachteile, die sich aus bestimmten Bedingungen für eine soziale Gruppe ergeben, können anderen zum Vorteil gereichen.

Wertbeziehung: In dem Maße, in dem Probleme aus den zwischen sozialen Gruppen differenziell verteilten Werten resultieren, ist die Definition eines relevanten Problems selbst eine auf Werten gründende Entscheidung. Im Anschluss an Weber betont Merton jedoch, dass Werte nur in der Phase der Definition eines Problems eine Rolle spielen dürfen. Der daran anschließende Forschungsprozess hat nach streng wissenschaftlichen Kriterien, und damit „wertfrei" zu erfolgen.

Beschreibung und Erklärung: Merton unterscheidet die Beschäftigung mit analytisch identifizierten Fakten von jener, die sich auf die Zusammenhänge zwischen solch spezifischen Fakten beziehen. Während er die klare Bestimmung der Fakten als Teil der Beschreibung eines sozialen Problems betrachtet, geht die Klärung der Zusammenhänge zwischen einzelnen Variablen über die bloße Beschreibung hinaus und dringt zu dessen Erklärung vor.

Im Anschluss an diese grundlegenden Aspekte der Bestimmung sozialer und soziologischer Probleme kommt der Begriffsbildung für die Auseinandersetzung um die Methodologie sozialwissenschaftlicher Forschung zentrale Bedeutung zu. Die klare und eindeutige Definition forschungsleitender Begriffe ist unerlässlich, denn, wie Merton ausführt, „a general idea which, once having been defined, tagged, substantially generalized and explicated can effectively guide inquiry into seemingly diverse phenomena" (Merton 1984a: 267).

Und in der Tat nehmen die Begriffsbildung und deren immer weiter vorangetriebene Präzisierung einen zentralen Platz in Mertons Arbeit ein. Mit der bereits erwähnten Vielzahl der von ihm geprägten soziologischen Begriffe und

Konzepte hat Merton die Soziologie mit unverzichtbarem Handwerkszeug ausgestattet. Aber worin besteht die Bedeutung dieses Handwerkszeugs? Drei Schritte sind hier entscheidend (vgl. Sztompka 1986: 100):

Zunächst leiten klar definierte Begriffe die Forschung an; sie sind unverzichtbar, weil empirische Fakten, wie Merton wiederholt betont, nicht für sich selbst sprechen. Hier geht es sowohl um neue Begriffe als auch um die theoretische Re-Interpretation und Definition von Begriffen, die den Hintergrund für die Interpretation empirischer Daten darstellen. Dazu ist eine begriffliche Analyse selbst erforderlich: es geht um die klare Definition der Begriffe, um die Klärung ihrer einzelner Dimensionen, die Bestimmung der einzelnen Aspekte und ihre Zusammenhänge etc. Dieser Schritt führt von Protokonzepten zu klar definierten Konzepten. Schließlich wird den klar definierten Begriffen eine spezifische Bedeutung zugeschrieben, so dass ihre empirische Überprüfung möglich wird und sie den Forschungsprozess anleiten können.

Begriffsklärung und -bildung einerseits, ihre forschungsanleitende Funktion und ihre möglicherweise erforderliche Reformulierung und Spezifizierung aufgrund empirischer (quantitativer oder qualitativer) Resultate andererseits führt zu einem weiteren Komplex der Analyse des Merton'schen Unternehmens: der Entwicklung der Theorien mittlerer Reichweite und dem ihnen zugrunde liegenden Verhältnis von Theorie und Empirie.

3.4 Theorien mittlerer Reichweite

Mit der Entwicklung der Theorien mittlerer Reichweite reagiert Merton auf die bereits skizzierte desolate Lage der amerikanischen Soziologie seit den 1930er Jahren und die hier zu beobachtende Entgegensetzung von traditionellem Empirizismus und den wachsenden Begriffssystemen des Parsons'schen Strukturfunktionalismus. Die Vorstellung, dass es zwischen den Extrempunkten eines allgemeinen theoretischen Systems und den empiristischen Beschreibungen der sozialen Realität eine „mittlere Distanz" geben könne, in der die Fallstricke beider vermieden und theoretisch angeleitete, empirisch verifizierte Schritte zur Entwicklung der Soziologie möglich würden, entstammt einer langen geisteswissenschaftlichen Tradition. Merton selbst hat diese in seinem Manifest „On Sociological Theories of the Middle Range" (1968b) skizziert: Von Platons (1986) Dialog *Theaitetos* über einige der Aphorismen in Francis Bacon's ([1620] 1990) *Novum Organum* bis zu John Stuart Mills ([1843] 1996) *A System of Logic* lässt sich das Nachdenken über die Vorzüge theoretischer Arbeit in der mittleren Distanz in Abgrenzung zu allumfassenden theoretischen Entwürfen verfolgen. Während diese ideengeschichtlichen Wurzeln auf eine lange intellektuelle Tradition verweisen, lässt sich eine solche Tradition auch im engeren soziologischen Sinne identifizieren (Lipset 1964).

Die Soziologisierung der Idee beginnt zum einen mit Karl Mannheims ([1935] 1958) Begriff der „principia media" und deren Diskussion bei Adolf Löwe (1935), zum anderen mit Morris Ginsbergs (1934) Untersuchung über die Anwendbarkeit der Mill'schen Thesen auf die Sozialwissenschaften (vgl. Merton 1968b: 58), doch für Mertons Idee der Theorien mittlerer Reichweite richtungsweisend wurde dann Thomas H. Marshall (1963), der sich in seiner im Jahr 1954 an der London School of Economics gehaltenen Antrittsvorlesung „Sociology at the Crossroads" mit dem problematischen Verhältnis von großer Theorie und theoriefreiem Faktensammeln auseinandersetzte. Die Frage, welchen Weg die Soziologie einschlagen solle – „Which road is the poor lady to take?" –, beantwortete er mit einem eindeutigen Plädoyer für „stepping stones in the middle distance" – den Weg zwischen den Extremen. Marshall war sich dabei völlig bewusst, dass mit einem derartigen Zuschnitt soziologischer Theorie und empirischer Arbeit weder die Fraktion der „grand theorists" (C. W. Mills) noch die Fakten sammelnden Empiristen zu befriedigen sein würden: „I do not recommend the way to the stars; sociologists should not, I think, expend all their energies climbing in search of vast generalizations, universal laws, and a total comprehension of human society as such. They are more likely to get there in the end if they don't try to get there now. Nor do I recommend the way into the sands of whirling facts which blow into the eyes and ears until nothing can be clearly seen or heard. But I believe there is a middle way which runs over firm ground. It leads into a country whose features are neither Gargantuan nor Lilliputian, where sociology can choose units of study of a manageable size – not society, progress, morals, and civilization, but specific social structures in which the basic processes and functions have determined meanings" (Marshall 1963: 20).

In ganz ähnlicher Weise, in der schon Durkheim die Versuche Comtes, große Theorie zu entwickeln, zurückgewiesen und die Überzeugung vertreten hatte, dass große Theorien zwar alles enthalten und alles umfassen, dabei über die empirische Realität jedoch wenig aussagen, dass sie zwar hohen synthetischen Wert besitzen, zugleich aber analytisch unterkomplex bleiben (Durkheim 1981: 44), lässt sich Mertons Kritik an Parsons' strukturfunktionalistischem Begriffssystem verstehen. Er weist Parsons' (1945, 1948) Ansinnen zurück, dass die Soziologie sich um die Entwicklung einer einheitlichen und verbindlichen „Theorie" kümmern müsse, statt sich mit „Theorien" zu beschäftigen. Im Gegensatz dazu ist es ge-

Abbildung 1   Die „Lage" von Theorien mittlerer Reichweite

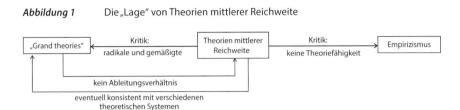

rade die Entwicklung einer Pluralität von Perspektiven und Paradigmen, für die Merton plädiert, und von der er Fortschritte in der Entwicklung der Soziologie als wissenschaftlicher Disziplin erwartet (Merton 1975; Coser 1976). „Sociology will advance in the degree that the major concern is with developing theories adequate to limited ranges of phenomena and it will be hampered if attention is centered on theory in the large. (...) I believe that our major task *today* is to develop special theories applicable to limited ranges of data – theories, for example, of class dynamics, of conflicting group pressures, of the flow of power and interpersonal influence in communities – rather than to seek here and now the ‚single' conceptual structure adequate to derive all these and other theories" (Merton 1948a: 165 f.). Dieses von Merton entwickelte Theorieverständnis gründet auf einem wechselseitigen Verhältnis von soziologischer Theorie und Empirie.

3.4.1 Das wechselseitige Verhältnis von Theorie und Empirie

Im Gegensatz zu Parsons' abstrakten Begriffssystemen beruht Mertons Verständnis von soziologischer Theorie auf dem engen Zusammenhang zwischen theoretischen Begriffen und empirischer Forschung. Es ist das spezifisch wechselseitige Verhältnis von Theorie und Empirie, durch das bestimmbar wird, was als Theorie zu gelten habe (vgl. Schmid 1996). Dieses Theorieverständnis entwickelt Merton in zwei Anläufen: Zunächst grenzt er den Theoriebegriff gegenüber Methodologie, allgemeinen soziologischen Orientierungen, Analysen soziologischer Begriffe, „Post Factum"-Interpretationen und bloßen empirischen Verallgemeinerungen ab (Merton [1948b] 1968). Von Theorie kann erst dann die Rede sein, wenn die aus der beobachteten Regelmäßigkeit des Zusammenhanges zwischen zwei oder mehreren Variablen abgeleiteten verallgemeinernden Behauptungen mit einem System untereinander verbundener theoretischer Behauptungen verknüpft werden. *Soziologische Theorie* macht also theoretisch ableitbare Aussagen über spezifische

Zusammenhänge zwischen empirisch beobachteten Variablen. Der Einfluss von Theorie auf empirische Forschung lässt sich in fünf Punkten zusammenfassen:

Erstens resultiert theoretische Relevanz nicht unmittelbar aus der Verallgemeinerung empirischer Fakten. Sie erschließt sich vielmehr erst dann, wenn diese *Verallgemeinerungen auf einer abstrakteren Ebene* erfolgen, wie, im Falle der Selbstmord-Studie Durkheims ([1897] 1987), durch Annahmen über den Zusammenhang von Katholizismus, sozialer Kohäsion, gemilderten Ängsten und Selbstmordraten. Diese Form der Verallgemeinerung erweitert beträchtlich die Reichweite der ursprünglichen empirischen Ergebnisse.

Zweitens führt die *theoretische Relevanz der gefundenen empirischen Regelmäßigkeiten zu theoretischen und empirischen Fortschritten.* Entweder bestätigen die empirischen Ergebnisse die theoretischen Annahmen, von denen sie abgeleitet werden oder sie widerlegen sie.

Drittens eröffnen erst die *theoretische Reformulierung und Begründung der empirischen Ergebnisse* Handlungsfelder jenseits suizidalen Verhaltens. Weitere Bereiche menschlichen Verhaltens erhalten so durch die Überprüfung der Implikationen der theoretischen Annahmen, wie bspw. den Auswirkungen von Gruppenkohäsion, für die empirische Forschung Bedeutung.

Viertens geht Merton davon aus, dass die Angabe von Gründen für empirische Regelmäßigkeiten der Soziologie darüber hinaus die Möglichkeit eröffnet, *Vorhersagen* über wahrscheinlich eintretende Entwicklungen zu machen.

Damit schließlich die Theorie zu eindeutigen Aussagen kommen kann, muss sie fünftens ausreichend präzise sein. Dies ist ein entscheidendes Element für die Überprüfbarkeit einer Theorie, denn es ist die *Präzision* der Schlussfolgerungen, die aus theoretischen Annahmen gezogen werden können, wie die interne Kohärenz der Theorie, die alternative Hypothesen oder theoretische Annahmen ausschließen. Merton verweist dabei auch auf die Gefahr, die diesen beiden Dimensionen innewohnt, denn voreiliges Beharren auf Präzision oder übertriebene Kohärenz können für den Forschungsprozess kontraproduktiv werden, indem sie neue Hypothesen verhindern oder alternative Sichtweisen von vornherein ausschließen.

Wie lässt sich umgekehrt der Einfluss empirischer Forschung auf die Theorie begreifen? Im Gegensatz zur weit verbreiteten Vorstellung, es sei Aufgabe empirischer Forschung, Hypothesen zu „testen" oder zu „verifizieren", schreibt Merton ihr eine viel zentralere Rolle zu: „Research plays an active role: it performs at least four major functions which help shape the development of theory. It *initiates,* it *reformulates,* it *deflects* and *clarifies* theory" (Merton [1948b] 1968: 157).

Abbildung 2   Mertons Kritik an alternativen Vorstellungen von Theorie

Alternative Vorstellungen von „Theorie"	Mertons Kritik

Methodologie

- Logik wissenschaftlicher Arbeit
- Design empirischer Untersuchungen
- Schlussfolgerungen aus Befunden
- Erfordernisse eines theoretischen Systems

• *„knowing how to test* a battery of hypotheses"	• *„knowing the theory* from which to derive hypotheses to be tested"

Allgemeine Soziologische Orientierungen

• breitester Rahmen für empirische Untersuchungen (Bsp. Durkheim: „Soziales nur durch Soziales erklären") • allgemeiner Kontext für Forschung • erleichtern den Prozess der Hypothesenbildung	• Vielzahl an Hypothesen führt zu Vielzahl an Fakten („‚point of departure' for theorist")

Soziologische Konzepte

• z. B. Status, Rolle, Gemeinschaft, soziale Interaktion, soziale Distanz, Anomie • finden Eingang in theoretische Systeme • leiten empirische Forschung • Klärung, was unter Konzept subsumiert wird (z. B. „Kriminalität") • Aufklärung widersprüchlicher Befunde • Klärung, was genau untersucht wird • Bildung überprüfbarer Indizes	• Theorie entsteht erst, wenn Konzepte in Form eines Schemas in Zusammenhang gebracht werden • Konzepte stellen dann Definitionen zur Verfügung, was untersucht werden soll • Konzepte sind die Variablen, zwischen denen empirische Beziehungen gesucht werden sollen (z. B. Rollenset: Status und Rolle)

Soziologische „Post Faktum"-Interpretationen

• interpretative Kommentierung erhobener Daten • entscheidend: Interpretation nach Datenerhebung	• keine vorherigen Hypothesen • Plausibilisierungen von Ergebnissen • Suche nach adäquater Interpretation

Empirische Verallgemeinerung

• allgemeine Behauptungen, die aus beobachteten Zusammenhängen zwischen zwei oder mehreren Variablen abgeleitet werden	• isolierte Behauptungen; mehr oder weniger präzise

Empirische Forschung kann erstens zur Generierung neuer Hypothesen führen. Merton fasst diese Funktion mit dem Begriff des *Serendipity-Musters* (Maniscalco 1998; Merton/Barber 2004), das drei verschiedene Effekte bezeichnet: Empirische Forschung kann *unerwartete* Resultate zeitigen, die als „Nebenprodukt" zu neuen theoretischen Überlegungen anregen; Beobachtungen können ferner *ungewöhnlich* sein und deshalb weder mit theoretischen Annahmen noch mit anderen Beobachtungen übereinstimmen. Weitere Untersuchungen können dann dazu dienen, diese ungewöhnlichen Beobachtungen sinnvoll interpretieren zu können, wozu es der Erweiterung der zugrundeliegenden Theorie oder eines anderen theoretischen Ansatzes bedarf; schließlich können unerwartete Ergebnisse empirischer Forschung *„strategisch"* wichtig sein, d. h. sie müssen eine grundlegende theoretische Reflexion überhaupt ermöglichen. Alle drei Formen des Serendipity-Musters üben damit Druck auf den Forscher aus, seiner Untersuchung eine neue Richtung zu geben, die zu einer Ausweitung des theoretischen Rahmens führt (Merton [1948b] 1968: 158).

Zweitens kann eine *Erweiterung des Begriffssystems* durch die wiederholte Beobachtung von zuvor unbeachtet oder vernachlässigt gebliebenen Fakten erforderlich werden. Kann das angewandte Begriffssystem diese Fakten nicht erfassen, so führen die empirischen Ergebnisse notwendig zu seiner Reformulierung.

Drittens kann die *Präzisierung des theoretischen Interesses* durch neue Forschungsmethoden dazu führen, dass neu erhebbare Daten zur Generierung und Überprüfung neuer Hypothesen führen. Diese Rolle empirischer Forschung ist freilich auch abhängig von veränderten historischen Situationen oder ideologischen Konstellationen sowie wirtschaftlichen Interessen.

Viertens ist die *Präzisierung theoretischer Begriffe* von zentraler Bedeutung, da deren Unschärfe häufig negative Konsequenzen für die empirische Forschung zeitigt. Allerdings geht Merton davon aus, dass ein methodologischer Empirizismus, der sich mit dem Design einer Untersuchung, nicht aber mit den entscheidenden Variablen beschäftigt, dazu führt, dass zwischen Variablen Beziehungen gefunden werden, die Variablen selbst aber völlig unklar bleiben. Begriffsklärungen sind häufig Ergebnis empirischer Forschung, die auf diese Begriffe und eindeutige Definitionen von Variablen für den Forschungsprozess angewiesen ist.

Mit der Bedeutung, die Merton dem wechselseitigen Verhältnis von Theorie und empirischer Forschung beimisst, führt er theoretische und empirische Interessen zusammen und bündelt sie im Konzept der Theorien mittlerer Reichweite (Blau 1990: 148). Diese wissenschaftstheoretische Strategie impliziert – im Gegensatz etwa zu Parsons' abstrakten Begriffssystemen – eine „sehr viel engere Beziehung zur Sozialforschung und eine weit positivere Einschätzung empirischer For-

Abbildung 3   Die Effekte empirischer Ergebnisse auf Theorie

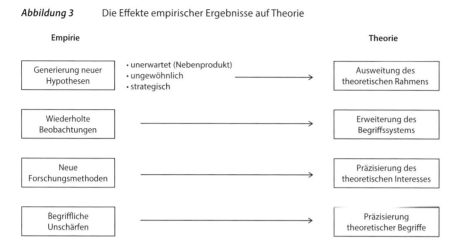

schung für die Entwicklung soziologischer Theorien und für die Herausbildung soziologischer Begriffe" (Meja/Stehr 1995: XII). Wie genau lässt sich aber verstehen, was es mit den sogenannten Theorien mittlerer Reichweite auf sich hat?

3.4.2 Theorien mittlerer Reichweite und „Grand Theory"

Robert Merton hat seine Idee der Theorien mittlerer Reichweite in Auseinandersetzung mit Talcott Parsons' Bestrebungen entwickelt, immer abstraktere Begriffsschemata in einer „grand theory" zusammenzufügen. Gegen derartige Versuche macht Merton zwei Argumente geltend: Das grundlegende Argument widerspricht Parsons' Überzeugung, es könne ein einziges umfassendes Paradigma geben, von dem alle relevanten Forschungsfragen abgeleitet werden können. Zwar vertrat auch Merton (1948a) in seiner Entgegnung auf Parsons die Auffassung, dass die Zeit miteinander rivalisierender, sich in doktrinären Lehren ergehender soziologischer Theorien vorbei sei (ebd., 164 f.), doch im Gegensatz zu Parsons war er keineswegs der Ansicht, dass es künftig die zentrale Aufgabe der Soziologie sei, sich um die Entwicklung einer einheitlichen und verbindlichen „Theorie" zu kümmern, statt sich mit „Theorien" zu beschäftigen. Ganz im Gegenteil vertrat er die Auffassung, dass eine Pluralität von Perspektiven und Paradigmen die positive Konsequenz habe, spezifische Forschungsfragen nicht aufgrund des Zuschnitts eines einzigen geltenden Paradigmas per definitionem auszublenden

(Merton 1975). Die Behauptung, ein umfassendes theoretisches System könne für die gesamte Spannbreite der für die Disziplin relevanten Probleme einen verbindlichen Interpretationsrahmen bieten, wies Merton deshalb zurück (Coser 1976).

Ohne Zweifel sind die Unterschiede beider Positionen gravierend, doch alleine aus diesen konträren Positionen ableiten zu wollen, dass das Verhältnis von Parsons' „grand theory" und Mertons Theorien mittlerer Reichweite nur als sich wechselseitig ausschließend verstanden werden kann, geht sicherlich zu weit (vgl. Ammassari 1998: 49 f.). Beide Konzeptionen stehen in einem weitaus komplexeren Verhältnis zueinander, und Mertons Position zu allgemeinen theoretischen Systemen und deren Verhältnis zu den Theorien mittlerer Reichweite ist weitaus differenzierter als es gewöhnlich dargestellt wird.[13]

Sicher gibt es in der Auseinandersetzung mit Talcott Parsons die entschiedene und radikale Zurückweisung des strukturfunktionalistischen Systems, doch wie in allen klassischen Beiträgen zur Soziologie lassen sich neben dieser „radikalen" Kritik auch „gemäßigte" Varianten identifizieren (vgl. Clark 1990: 17), die für Mertons Position viel entscheidender sind.

Die *radikale Variante* weist tatsächlich jeglichen Versuch eines einzelnen Wissenschaftlers zurück, eine umfassende Theorie entwickeln zu können und war explizit gegen Talcott Parsons (1937) gerichtet: „We cannot expect any individual to create an architectonic system of theory which provides a complete vade mecum to the solution of sociological problems. Science, even sociological science isn't that simple" (Merton 1948a: 165). Die Entwicklung genereller Begriffssysteme scheint der Weiterentwicklung der Disziplin eher im Wege zu stehen. Merton erwartete von ihnen nur einen geringen Mehrwert, und prophezeite ihnen deshalb das Schicksal vieler in Vergessenheit geratener philosophischer Systeme (Merton 1968b: 45; vgl. Merton 1948a).

Die *gemäßigte Kritik* eröffnet hingegen erst die Perspektive auf ein realistischeres Verhältnis der Theorien mittlerer Reichweite zu allgemeinen theoretischen Systemen. Dabei können drei Hypothesen unterschieden werden:

Die *time-lag-Hypothese* geht davon aus, dass die Soziologie als junge Disziplin die Fehler älterer wissenschaftlicher Disziplinen wiederholt, wenn sie sich ausschließlich auf die Suche nach umfassenden theoretischen Systemen begibt. Ein solch ehrgeiziger Versuch sei zwar legitimer Ausgangspunkt einer neuen Wissenschaft. Fortschritte, so Merton, seien für die Soziologie jedoch nur zu erwarten, wenn sie sich im Hinblick auf die Wissenschaftlichkeit ihres Theoriebegriffes

---

13 So etwa bei Hedström/Swedberg 1998. Vgl. zur Kritik Mackert 2010a.

Abbildung 4   Zum Verhältnis von Theorien mittlerer Reichweite und „Grand Theory"

	Theorien mittlerer Reichweite		
	Radikale Kritik	Gemäßigte Kritik	
	„Time-lag"-Hypothese	*Effektivitäts-Hypothese*	*Arbeitsteilungs-Hypothese*
Grand Theory	• keine Weiterentwicklung der Disziplin durch umfassende Begriffssysteme • geringer Mehrwert für die Disziplin • Unmöglichkeit für einzelnen Wissenschaftler, umfassendes System zu entwickeln	• Soziologie als junge Disziplin wiederholt Fehler älterer Disziplinen • bestenfalls legitimer Ausgangspunkt einer Wissenschaft • im Hinblick auf Wissenschaftlichkeit aber eher Orientierung an Naturwissenschaften	• pragmatischer Vorschlag, verfügbare Ressourcen zu bündeln und Theorien mittlerer Reichweite zu entwickeln • beide Strategien – umfassende Systeme und Theorien mittlerer Reichweite – prinzipiell sinnvoll, angesichts knapper Ressourcen aber Plädoyer für Letztere	• Betonung gleichberechtigten Arbeitens in beiden Lagern • kein unlösbarer Widerspruch zwischen umfassenden Theoriesystemen und Theorien mittlerer Reichweite • von Zeit zu Zeit sollen Ergebnisse abgeglichen und Übereinstimmungen und Widersprüche geklärt werden

wie auch ihrer Arbeitsweise an den „alten" Naturwissenschaften orientiere (vgl. Merton 1948a: 165; Boudon 1991).

Die *Effektivitäts-Hypothese* legt pragmatisch nahe, Ressourcen zu bündeln und das Augenmerk auf die Entwicklung von Theorien mittlerer Reichweite zu richten. Zwar erscheinen Merton beide Strategien – die Konzeption umfassender Begriffssysteme wie auch die Entwicklung vielfältiger Theorien mittlerer Reichweite – wichtig und berechtigt; um die knappen zur Verfügung stehenden Ressourcen sinnvoll zu nutzen, plädiert er jedoch für den Vorrang Letzterer (vgl. Merton 1948a: 166).[14]

---

14 Diese Hypothesen sind keineswegs miteinander unvereinbar. Vgl. dazu Merton 1948a: 166; 1957d: 110; 1968c: 51; Parsons 1950: 6 f.; Meja/Stehr 1995; Mackert 2006.

Die *Arbeitsteilungs-Hypothese*[15] betont schließlich die gleichberechtigte Arbeit in beiden theoretischen Lagern. Merton geht keineswegs davon aus, dass zwischen Parsons' umfassenden Begriffssystemen und seinem eigenen Ansatz ein unlösbarer Widerspruch bestehe oder die Soziologie sich künftig nur noch ausschließlich mit Theorien mittlerer Reichweite befassen solle. Vielmehr fordert er innerhalb der Soziologie Platz für solch unterschiedliche theoretische Ansätze. Sie sollten ihrer eigenen Logik folgen, was nicht ausschließt, ihre Erkenntnisse und Ergebnisse von Zeit zu Zeit abzugleichen, um Übereinstimmungen und Widersprüche erkennen zu können (vgl. Merton 1957d: 109; Parsons 1950).

3.4.3 Der Charakter der Theorien mittlerer Reichweite

Mertons Theorien mittlerer Reichweite stellen für die Soziologie einen entscheidenden Schritt auf dem Weg vom spekulativen Denken zur wissenschaftlichen Disziplin dar (Blau 1990: 153; vgl. Coser/Nisbet 1975). Entscheidend dafür ist der Erklärungsanspruch, den Merton mit ihnen erhebt. Stark am Vorbild eines naturwissenschaftlichen Verständnisses angelehnt, begreift er sie als Modell für die Sozialwissenschaften (Merton 1948a: 165). Boudon (1991: 520) hat auf diesen Zusammenhang zwischen der Wissenschaftlichkeit einer Theorie und dem Anliegen von Theorie, Erklärungen geben zu können, hingewiesen: „In other words: MRT (middle-range theory – d. V.) describes effectively what other sciences call simply ‚theory'. As we all know from our studies in the philosophy and history of the natural sciences, a ‚scientific theory' is a set of statements that organize a set of hypotheses and relate them to segregated observations. If a ‚theory' is valid, it ‚explains' and in other words ‚consolidates' and federates empirical regularities which on their side would otherwise appear segregated. This amounts also to saying that mere empiricism is of little worth."

Wissenschaftlichkeit und erklärender Zugriff sind die entscheidenden Charakteristika der Theorien mittlerer Reichweite. Während Blau sie gegen den spekulativen Charakter der „grand theory" abgrenzt, verweist Boudon auf ihre Überlegenheit gegenüber dem Empirizismus. Theorien mittlerer Reichweite sind Theorien in erklärender Absicht (Hankins 1956: 398), doch wie können angesichts dieses Anspruches ihre Struktur und Funktionsweise verstanden werden?

---

15   Auch Giddens 1990 geht fälschlicherweise davon aus, dass Merton die Theorien mittlerer Reichweite als einzig mögliche Form theoretischer Arbeit begriff.

Bereits Mertons Definition der Theorien mittlerer Reichweite als „theories that lie between the minor but necessary working hypotheses that evolve in abundance during day-to-day research and the all-inclusive systematic efforts to develop a unified theory that will *explain* all the observed uniformities of social behavior, social organization and social change" (Merton 1968b: 39 – Hervorhebung d. V.) betont den mit ihnen verbundenen Anspruch, Theorien in erklärender Absicht zu sein. Jenseits abstrakter Begriffssysteme führt der Anspruch, Erklärungen für beobachtete Regelmäßigkeiten sozialen Verhaltens, sozialer Organisation und sozialen Wandels bieten zu können, zu einer einfachen Struktur: „Such theories of the middle range consist of sets of relatively simple ideas, which link together a limited number of facts about the structure and functions of social formations and suggest further observations" (Merton 1957d: 108). Auf der Grundlage dieser Definition lassen sich drei zentrale Kennzeichen von Theorien mittlerer Reichweite bestimmen: erstens ist es ihre zentrale *Aufgabe,* empirische Forschung anzuleiten; *forschungsstrategisch* bedeutet dies zweitens, dass die theoretisch abstrakten Annahmen der Theorien mittlerer Reichweite nahe genug an beobachtbaren Daten bleiben, um in empirisch überprüfbare Aussagen gefasst werden zu können; drittens schließlich bezieht sich ihr *Geltungsbereich* auf die Behandlung spezifischer Aspekte der empirischen Realität. Die Erklärung selbst weist Merton schließlich den so genannten *sozialen Mechanismen* zu. Merton definiert sie als „the social processes having designated consequences for designated parts of the social structure" (Merton 1968b: 43), was sie zum Kern des erklärenden Zugriffs macht.

Fasst man vor diesem Hintergrund die entscheidenden Aspekte der Theorien mittlerer Reichweite zusammen und unternimmt man damit den Schritt hin zu einer Kodifizierung ihrer Grundannahmen, so sind folgende Aspekte entscheidend: Theorien mittlerer Reichweite erheben keinen Anspruch, allgemeine, umfassende Theorie zu sein; sie bestehen aus einem begrenzten Set von Annahmen, von denen spezifische Hypothesen logisch abgeleitet und empirisch überprüft werden können. Diese Theorien stehen nicht alleine, sondern lassen sich zu Theorienetzwerken verbinden. Theorien mittlerer Reichweite sind zugeschnitten auf spezifische Ausschnitte der Realität, bleiben dabei jedoch abstrakt genug, um auf unterschiedliche Sphären sozialen Verhaltens und der Sozialstruktur angewandt werden zu können. So kann die Theorie sozialen Konflikts etwa zur Analyse so unterschiedlicher Phänomene wie ethnischen Konflikten, Klassenkonflikten oder internationalen Konflikten herangezogen werden. Dieser problemorientierte Charakter der Theorien mittlerer Reichweite zielt darauf ab, solche Bereiche zu spezifizieren, über die (noch) kein Wissen bereitsteht, um neues Wissen zu generieren. Der Theorietypus liegt ferner quer zur Trennung von mikro- und makrosoziologischen Problemen, doch er lässt sich deshalb nicht notwendig als Analyseinstrument für soziologische Probleme auf Meso-Ebene verstehen.[16] Theorien mittlerer Reichweite dienen sowohl der Analyse der strukturellen Bedingungen von Interaktionsbeziehungen als auch der Erklärung des Wandels institutioneller Strukturen; und Theorien mittlerer Reichweite schließen unmittelbar an klassische soziologische Problemstellungen, wie etwa jenen Durkheims oder Webers an (ebd.: 68). Diese Begrenzung der Theorien mittlerer Reichweite bedeutet gleichwohl nicht, dass ihnen keine allgemeine Theorie zugrunde läge. Ohne eine solche Theorie lässt sich ihr Erklärungspotenzial nicht verstehen. Mertons erklärendem Ansatz wenden wir uns im folgenden Kapitel zu.

---

16 Turner (1991: 628 ff.) argumentiert, dass Theorien mittlerer Reichweite zur Analyse auf der Meso-ebene prädestiniert seien. Allerdings wird das mit einer äußerst skeptischen Einschätzung des Theoriestatus der Theorien mittlerer Reichweite begründet.

4 Von der funktionalen zur strukturellen Analyse

Robert Mertons theoretischer Ansatz hat unterschiedliche Interpretationen erfahren. Das hängt zweifellos damit zusammen, dass er sich selbst lange Zeit als Funktionalisten bezeichnet hat und noch 1968 in der erweiterten Ausgabe von *Social Theory and Social Structure* die Beiträge des Buches als Manifest oder auch Kodifikation der funktionalen Analyse darstellt. Schon in der Ausgabe von 1949 hatte Merton deutlich gemacht, wie sehr er von einer solchen Analyse überzeugt war: „Functional analysis is at once the most promising and possibly the least codified of contemporary orientations to problems of sociological interpretations" (Merton [1949b] 1968: 73). Ziel von *Social Theory and Social Structure* sollte es deshalb sein, diese „Orientierung" zu einem soziologischen Ansatz zu kodifizieren. Man kann sich kaum überzeugter von einem theoretischen Ansatz zeigen, als Merton das zu diesem Zeitpunkt getan hat, und seine Äußerungen und Absichtserklärungen lassen ihn als überzeugten Funktionalisten erscheinen, als der er auch immer wieder bezeichnet wird (Münch 2004; Turner 1991).

Allerdings findet sich bei Merton einige Jahre später auch eine ganz andere Aussage. Im Kontext seiner Auseinandersetzung mit dem Konzept der Opportunitätsstruktur bezeichnet er die strukturelle Analyse schließlich als „a way of thinking about problems (...) more effective than any other I know" (Merton 1975: 30). Zwischen beiden Aussagen liegen 25 Jahre, und sie markieren Ausgangs- und Endpunkt eines Entwicklungsprozesses, in dem Merton sich von der funktionalen immer stärker hin zur strukturellen Analyse bewegt. Zwar hat Merton immer wieder auf die Bedeutung einer funktionalen Analyse hingewiesen und eine im weitesten Sinne funktionale Perspektive auch beibehalten (vgl. Coser 1976), doch die strukturelle Analyse war von Beginn an das eigentlich zentrale Moment seines theoretischen Ansatzes und hat im Laufe der Jahrzehnte immer mehr Gewicht erhalten. So scheint es tatsächlich zutreffend zu sein, die strukturelle Analyse als das Herzstück der Merton'schen Soziologie zu betrachten (vgl. Blau 1975; 1990; Schmid 1998).

Dass der strukturellen Analyse schon von Beginn an eine bedeutende Rolle zukommt, wird daran deutlich, dass Merton in *Social Theory and Social Structure* zwar betont, in den Beiträgen das funktionalistische Paradigma kodifizieren zu wollen, doch es scheint problematisch, die dort versammelten theoretischen Analysen als „funktionale Analysen mittlerer Reichweite" (Coser 2002: 158) zu bezeichnen. Spätestens mit dem in die erweiterte Auflage von 1968 aufgenommenen Aufsatz „On Theories of the Middle Range" (Merton 1968b) wird deutlich, dass es Merton viel mehr um einen strukturtheoretischen Ansatz als um die funktionale Analyse geht.

4.1 Funktionalismus und Kritik

Während Mertons Zeit als Student in Harvard arbeitete Talcott Parsons an *The Structure of Social Action* (1937), dem ehrgeizigen Unternehmen, die europäische Tradition der Soziologie in einer Synthese zusammenzuführen und damit den „analytischen Funktionalismus" oder den sogenannten „Strukturfunktionalismus" zu begründen. Merton war zwar wegen Pitirim Sorokin nach Harvard gekommen, doch schon bald orientierte er sich zu Parsons und der um diesen entstehenden Schule des Funktionalismus um (vgl. Coser 2002).

Allerdings entwickelt Merton im Laufe der Zeit ein deutlich anderes Verständnis als Parsons von dem, was er unter funktionaler Analyse verstanden wissen will. Seine grundsätzliche Kritik, auch und gerade an Parsons' Funktionalismus, entwickelte Merton an den Voraussetzungen funktionalistischer Theorien. Hier setzt er sich mit dem frühen Funktionalismus, insbesondere mit den Arbeiten von Bronislaw Malinowski (1884–1942) und Alfred R. Radcliffe-Brown (1881–1955), zwei Vertretern der britischen Sozialanthropologie, auseinander. Seine Kritik zielt auf drei Postulate des Funktionalismus, die Merton für die funktionale Analyse nicht für notwendig erachtete, und die er deshalb zurückweist: das Postulat funktionaler Einheit, das Postulat eines universellen Funktionalismus und das Postulat funktionaler Notwendigkeit: „Substantially, these postulates hold first, that standardized social activities or cultural items are functional for the *entire* social or cultural system; second, that *all* such social and cultural items fulfill sociological functions; and third, that these items are consequently *indispensable*." (Merton [1949b] 1968: 79).

Das Postulat funktionaler Einheit
Die Behauptung funktionaler Einheit impliziert, dass eine Gesellschaft ein wohl integriertes Ganzes darstellt. Für Merton ist das aber keine theoretische Feststellung, sondern eine empirische Frage, die das Augenmerk viel stärker auf Grade der Integration von Teilsystemen, Gruppen etc. richten muss. Die Annahme, dass ein umfassendes soziales System eine hoch integrierte funktionale Einheit dar-

stelle, verstellt daher den Blick auf die erforderlichen Fragen nach Graden, Formen, Ebenen etc. sozialer Integration. Merton, und hier zielt die Kritik sicher auch auf Parsons, richtet das Interesse deshalb nicht auf umfassende soziale Systeme, sondern vielmehr auf unterschiedliche Muster sozialer Organisation.

Das Postulat eines universellen Funktionalismus
Aus dem ersten Postulat schlossen einige Sozialanthropologen, unter ihnen Bronislaw Malinowski, dass jegliches soziale Phänomen eine positive Funktion für die Integration des Gesamtsystems erfüllt. Daraus ergeben sich jedoch schlicht tautologische Aussagen: „[A] System exists; an item is part of the system; therefore the item is positively functional for the maintenance of the system" (Turner 1991: 83).

Davon, so Merton, sei aber schlicht nicht auszugehen, denn man kann sich Phänomene vorstellen, die für das Überleben oder die Integration entweder keine Rolle spielen oder ihm sogar abträglich sind, bzw. keine positive Funktion haben. Im Gegensatz zu den funktionalistischen Annahmen Radcliffe-Browns oder Malinowskis plädiert Merton daher für die Analyse der unterschiedlichen Effekte, die soziale Phänomene haben können und deren Nettobilanz: „Far more useful as a directive for research would seem the provisional assumption that persisting cultural forms have a *net balance of functional consequences* either for the society considered as a unit or for subgroups sufficiently powerful to retain these forms intact, by means of direct coercion or indirect persuasion. This formulation at once avoids the tendency of functional analysis to concentrate on positive functions and directs the attention of the research worker to other types of consequences as well." (Merton [1949b] 1968: 86).

Das Postulat funktionaler Notwendigkeit
Mit dem dritten Postulat geht die Annahme einher, dass jedes soziale oder kulturelle Phänomen notwendig eine Funktion erfüllt; Merton bezieht sich erneut auf Malinowski. Gegen diese Annahme argumentiert Merton, dass es oft Alternativen zu einem sozialen Phänomen gibt, die dieselbe Funktion erfüllen können.

Fasst man Mertons Kritik[17] an diesen Postulaten zusammen, so lassen sich im Hinblick auf seine Abgrenzung vom frühen Funktionalismus der britischen So-

---

17 Sowohl Münch (2004: 23 ff.) als auch Turner (1991: 82 ff.) kritisieren, dass Mertons Kritik an der funktionalistischen Perspektive von Radcliffe-Brown und Malinowski nicht genau genug ist. Turner sprich gar davon, dass Merton hier „Strohmänner" aufbaut, um die eigene Position dann überzeugend profilieren zu können.

zialanthropologie die entscheidenden Aspekte benennen, die Eingang in das von ihm verfasste Paradigma für die funktionale Analyse in der Soziologie gefunden haben: Merton weist zunächst die Vorstellung zurück, die funktionale Analyse könne Aussagen über ganze soziale Systeme (etwa Gesellschaften) machen und verlegt das Augenmerk auf unterschiedliche Muster sozialer Organisation innerhalb eines solchen Systems. In Betracht zu ziehen sind die unterschiedlichen Formen sozialer Ordnung, die bei unterschiedlichen Gruppen innerhalb der Sozialstruktur Geltung und für Individuen daher gänzlich unterschiedliche Konsequenzen haben können; Merton kritisiert ferner, dass der Funktionalismus ein soziales System prinzipiell als gegeben erachte und das Augenmerk ausschließlich auf bestandserhaltende Funktionen richte. Es kann aber nicht einfach von solchen positiven Folgen eines Phänomens für ein gegebenes System ausgegangen werden. Vielmehr muss untersucht werden, ob es sich um positive, negative oder aber neutrale Folgen handelt; im ersten Fall handelt es sich dann um Funktionen; sind die Auswirkungen aber negativ, so muss von Dysfunktionen gesprochen werden (vgl. Münch 2004: 27); ferner müssen die von sozialen Phänomenen ausgehenden unterschiedlichen Effekte bilanziert werden, und zwar auch im Hinblick auf die Ebenen, Bereiche oder Gruppen eines Gesamtsystems und nicht nur ausschließlich im Hinblick auf Letzteres; ebensowenig genüge es, sich auf die Analyse der deutlich sichtbaren manifesten Funktionen zu beschränken und mögliche latente Funktionen unberücksichtigt zu lassen (Merton [1949b] 1968); schließlich können bestimmte Funktionen beabsichtigt sein, das Handeln sozialer Akteure kann jedoch ebenso unbeabsichtigte Handlungsresultate erzeugen, die dann wiederum als unerkannte Handlungsbedingungen in die Folgehandlungen der Akteure eingehen (vgl. Boudon 1990; Elster 1990).

4.2   Die Kritik an Talcott Parsons' Funktionalismus

Wechselt man angesichts der Auseinandersetzung mit der britischen Sozialanthropologie und ihren funktionalen Postulaten die Perspektive, so zeigt sich, dass auch Mertons Kritik an Parsons' analytischem Funktionalismus darauf abzielt, Schwächen eines simplen Funktionalismus aufzudecken, den er hier am Werke sah (vgl. Merton 1975).[18]

Die Auseinandersetzung mit Parsons datiert jedoch zurück bis in die 1940er Jahre. Merton hatte früh begonnen, sich kritisch sowohl zu den Theoriesystemen

---

18   Zur Kritik an Mertons funktionalistischer Perspektive siehe Giddens (1977).

wie auch zu den funktionalistischen Grundannahmen seines Lehrers zu verhalten. Lange vor der Veröffentlichung von *The Social System* (Parsons [1951] 1991) und *Toward a General Theory of Action* (Parsons/Shils [1951] 2001), den wichtigsten Werken des Strukturfunktionalismus, hatte Parsons (1948) in einem Vortrag bereits die Eckpunkte eines für die soziologische Theorie verbindlichen Begriffssystems skizziert[19] und mit einigen der entscheidenden theoretischen Prämissen, methodologischen Voraussetzungen und begrifflichen Bestandteilen die Grundstruktur der strukturell-funktionalen Theorie des sozialen Systems umrissen. Sie werden für Merton zur Grundlage der Auseinandersetzung und Kritik an Parsons sowie zur Folie, vor der er seinen eigenen Ansatz sowie seine Funktionalismuskritik formulieren kann. Den Kern des parsonianischen Unternehmens hat Coser (1976: 148 f.) auf den Punkt gebracht: „Parsons's stress is on the central importance of institutionalized values and norms and on differentiated social roles corresponding to differentiated status positions. The building blocks of a social system, or of one of its subsystems, are motivated actors who play roles governed by the expectations of other actors involved with them in a web of social interaction. In a relatively stable system, the role partners of particular status incumbents serve to hold them in line through their expectations and their power to exercise negative or positive sanctions. The central values and norms of the system are upheld when properly socialized actors are motivated to live up to role requirements and when they are impelled to uphold and defend these institutionalized requirements in their interaction with other actors. The primacy of values and norms in Parsons's system makes it appropriate to call this system ‚normative functionalism.‘"

Merton (1948a) führt gegen Parsons' Funktionalismus ein ganzes Arsenal an Kritikpunkten an, von denen hier nur die wichtigsten genannt sein sollen: Bei der Analyse einer spezifischen Situation müssen die einem Akteur unbewussten Bedingungen seines Handelns unbedingt berücksichtigt werden; die Verwendung des Begriffs der funktionalen Bedürfnisse (oder Voraussetzungen) ist aus zwei Gründen hoch problematisch: Erstens wird mit ihm die Art des sozialen Systems, um dessen Aufrechterhaltung es geht, nicht problematisiert, was ein statisches Verständnis impliziert; zweitens werden auch die unterschiedlichen Formen sozialer Ordnung nicht berücksichtigt, die bei bestimmten Gruppen innerhalb der Sozialstruktur unterschiedliche Geltung haben und für Individuen daher mit

---

19 Vgl. zur Einschätzung, dass es sich bei Parsons' strukturell-funktionaler Theorie im Wesentlichen um Begriffe und Begriffssysteme, nicht aber um Theorie handelt Dahrendorf (1963) sowie Haller (1999).

äußerst unterschiedlichen Konsequenzen verbunden sein können; Merton kritisiert ferner, dass Parsons ein soziales System prinzipiell als gegeben erachtet und
daher wichtige Konzepte wie Dysfunktionen, Konflikte und Widersprüche außer
Acht lasse, die aus der spezifischen Organisation der sozialen Struktur resultieren; und schließlich weist Merton darauf hin, dass Parsons' funktionale Analyse
der Motivation abweichenden Verhaltens und sozialer Kontrolle Machtprozesse
vollständig unberücksichtigt lasse, weshalb nicht deutlich werde, welche sozialen
Gruppen spezifische institutionelle Muster unterstützen und welche im Gegensatz dazu möglicherweise neue Verhaltensmuster zu etablieren versuchen. Deutlich wir hier, dass diese Kritik an Parsons insbesondere darauf abzielt, Schwächen
eines simplen Funktionalismus aufzudecken, war Merton doch der Überzeugung,
jenseits funktionalistischer Zwangsläufigkeiten zu Erklärungen sozialer Prozesse
gelangen zu können, die nicht a priori als systemerhaltend oder als für ein System
bestandsgefährdend zu klassifizieren seien.

Bereits zu diesem frühen Zeitpunkt kündigt sich daher Mertons Entwicklung
von der funktionalen zur strukturellen Analyse an, denn er verweist nachdrücklich auf die Bedeutung von Dysfunktionen, Konflikten und Widersprüchen, die
aus der spezifischen Organisation der sozialen Struktur resultieren (vgl. Merton
1975). Dieser Perspektivenwechsel ist von zentraler Bedeutung, denn mit ihm
vollzieht sich die Umorientierung von einer an Parsons angelehnten konserva-
tiven und auf die Gemeinschaft bezogenen hin zu einer liberalen und offenen
Merton'schen Analyse der Gesellschaft (vgl. Meja/Stehr 1998; Coser 2002). Diese
Neuausrichtung macht auch verständlich, weshalb Mertons Interesse weniger auf
die manifesten, beabsichtigten und erwarteten Folgen des Handelns sozialer Akteure gerichtet ist als auf die latenten, unbeabsichtigten und unerwarteten Konsequenzen, die als Folgen der strukturellen Bedingungen und Restriktionen dieses
Handelns gelten können. Dieses Interesse wird deutlich an Mertons eigenem Versuch, sein Verständnis funktionaler Analyse zu kodifizieren, der hier in Grundzügen dargestellt werden soll.

Die eigentlichen Ziele dieses Paradigmas der funktionalen Analyse lassen sich
in drei Punkten zusammenfassen: Erstens soll es das Handwerkszeug für eine an-
gemessene und fruchtbare soziologische Analyse zur Verfügung stellen; zweitens
soll es die der funktionalen Analyse zugrundeliegenden, stillschweigenden Annahmen deutlich machen; und drittens schließlich soll damit nicht nur auf die
Beschränkungen funktionaler Analysen, sondern auch auf ihren politischen und
ideologischen Gehalt aufmerksam gemacht werden. Neben diesen prinzipiellen
Anliegen zeigt sich hier aber bereits, dass Merton insbesondere mit dem Konzept des „strukturellen Kontextes" (siehe Punkt 8) einen zentralen Aspekt in

Abbildung 5   Das Paradigma funktionaler Analyse

1. Diejenigen Phänomene, die der funktionalen Analyse zugänglich gemacht werden, müssen standardisiert sein. Es handelt sich um strukturierte, wiederkehrende Phänomene wie soziale Rollen, institutionelle Muster, soziale Prozesse, kulturelle Muster, soziale Normen, Gruppen-organisation, soziale Struktur etc.

2. Die funktionale Analyse geht notwendig von den Motivationen individueller Akteure in einem sozialen System aus. Sie müssen unterschieden werden von den mit ihnen zusammenhängen-den, aber zu trennenden objektiven Handlungsfolgen.

3. Das Konzept von Funktion muss von zwei anderen Vorstellungen unterschieden werden. Zum einen sind Funktionen nicht immer positiv; berücksichtigt werden müssen deshalb immer auch Dysfunktionen (negative Effekte) und neutrale Wirkungen (nicht-funktionale Effekte). Zum anderen darf die subjektive Kategorie der Motivation nicht mit der objektiven der Funktion verwechselt werden. Unterschieden werden müssen vielmehr manifeste Funktionen für ein System, die von den Handelnden beabsichtigt sind sowie latente Funktionen, die nicht beab-sichtigt sind.

4. Die Gesellschaft ist nicht das einzige Bezugssystem funktionaler Analyse. Unterschieden werden müssen vielmehr die betreffenden Einheiten der Analyse: „[Individuals] in diverse statuses, subgroups, the larger social system and cultural systems" (Merton [1949b] 1968: 106).

5. Die Unklarheit des Konzepts der funktionalen Erfordernisse muss geklärt und unterschiedliche Typen, wie etwa universell vs. spezifisch definiert werden.

6. Notwendig ist ein konkretes und detailliertes Verständnis der Mechanismen, durch die Funktio-nen in Systemen erfüllt werden. Dabei handelt es sich um soziale Mechanismen wie etwa die Zuschreibung der relativen Bedeutung unterschiedlicher Status; die hierarchische Anordnung von Werten; die soziale Teilung der Arbeit etc.

7. Um dem Problem der Behauptung einer funktionalen Notwendigkeit zu entgehen, müssen funktionale Alternativen für spezifische Funktionen diskutiert werden.

8. Die Berücksichtigung des strukturellen Kontextes ist entscheidend, denn er verweist auf die Begrenzung der Handlungsoptionen sozialer Akteure: „Failure to recognize the relevance of interdependence and attendant structural restraints leads to utopian thought in which it is tacitly assumed that certain elements of a social system can be eliminated without affecting the rest of the system" (ebd.: 107).

9. Wandel und Dynamik sozialer Systeme dürfen nicht vernachlässigt werden. Hier geht es ent-scheidend um das Konzept der Dysfunktion, das auf struktureller Ebene auf Druck, Stress und Spannung verweist. Es muss darauf geachtet werden, wie diese in einem strukturellen Kontext unter Kontrolle gehalten werden und unter welchen Bedingungen es zu Veränderungen inner-halb einer Struktur oder gar der Struktur selbst kommt.

10. Die Validität funktionaler Analysen muss in vergleichender Hinsicht geprüft und bestätigt wer-den.

11. Die Ideologiehaltigkeit der klassischen funktionalen Analyse muss vermieden werden.

Quelle: Merton [1949b] 1968: 104 ff.

seine Vorstellung von einer funktionalen Analyse integriert, der über ein klassisches Verständnis hinausweist und zugleich deutlich macht, dass von Anbeginn die strukturellen Beschränkungen menschlichen Handelns im Mittelpunkt der Merton'schen Überlegungen stehen. Von hier aus wird der sukzessive Übergang zur strukturellen Analyse deutlich.

4.3   Die strukturelle Begrenzung individuellen Handelns: Zur werkgeschichtlichen Entwicklung des Konzepts der Opportunitätsstruktur

Das Konzept der Opportunitätsstruktur hat Merton im Kontext seiner anomietheoretischen Arbeiten entwickelt und zu einem späteren Zeitpunkt seine Generalisierung vorangetrieben.[20] Er selbst hat die Entstehung von Begriff und Konzept der Opportunitätsstruktur auf nur wenigen Seiten als Rückschau auf einen offensichtlich über Jahrzehnte hinweg stringenten Entwicklungsprozess diskutiert (Merton 1995a). Auffällig ist dabei zweierlei: zum einen geht es Merton um die Idee eines sozial strukturierten individuellen Wahlhandelns sozialer Akteure, wobei *Opportunitätsstrukturen* den Strukturaspekt, die von ihm als Komplementärkonzept eingeführten *Lebenschancen* das Handeln sozialer Akteure bezeichnen; zum anderen geht es Merton darum, dass das Konzept der Opportunitätsstrukturen sich von einem spezifischen (anomietheoretischen) zu einem allgemeinen Konzept entwickelt habe.

Merton hat die Idee der Opportunitätsstruktur in der zweiten Ausgabe von *Social Theory and Social Structure* (1957a) im Aufsatz „Continuities in the Theory of Social Structure and Anomie" (Merton [1957b] 1968) zum ersten Mal erwähnt und auch gleich mit Max Webers Idee der Lebenschancen in Zusammenhang gebracht. Merton verweist hier auf „a still loosely utilized but important concept of what Weber called life-chances in the opportunity-structure" (Merton [1957b] 1968: 230). Den Kontext stellt hier das *Social Structure and Anomie*-Paradigma (SS&A) dar, und Merton verweist darauf, dass das aus dem Jahr 1938 stammende SS&A-Konzept eines sozial strukturierten „differential access to legitimate opportunity" in den 1950er Jahren zunehmend dem Konzept der „legitimate opportunity structure" gegenübergestellt wurde (Merton 1995a: 24).

Einige Jahr später, auch hier in anomietheoretischem Kontext, bestimmt Merton dieses letztere Konzept dann näher: „opportunity structure (is) the loca-

---

20   Die folgenden Unterkapitel basieren in Teilen auf Mackert 2006.

tion of people in the social structure that affects the probability of their moving toward culturally emphasized goals in ways that are normatively approved" (Merton
1964: 216). Die Generalisierung und klare Definition der Opportunitätsstruktur
stammt jedoch erst aus dem Jahr 1995. Rückblickend notiert Merton: „Opportunity structure designates the scale and distribution of conditions that provide
various probabilities for individuals and groups to achieve specifiable outcomes"
(Merton 1995a: 25). Ferner weist er darauf hin, dass, entsprechend des SS&A-Para-
digmas und der Idee des strukturellen Kontextes der funktionalen Analyse, die
Positionierung in der Sozialstruktur den Zugang von Akteuren zur Opportunitätsstruktur nicht völlig determiniert, wohl aber deutlich beeinflusst (vgl. Blau
1990), und ferner, dass es mit der Gegenüberstellung des Konzepts der Opportunitätsstruktur und dem unterschiedlichen Zugang zu Opportunitäten schon früh
um das Zusammenspiel zwischen strukturellem Kontext und individuellem Handeln ging (Merton 1995a: 26).

Es ist dieser unterschiedliche Zugang zu Opportunitäten, der in den „Continuities in the Theory of Social Structure and Anomie" mit dem zentralen Begriff
der Lebenschancen belegt und als Komplementärbegriff zu den Opportunitätsstrukturen bestimmt wird. Merton unterscheidet über diese beiden Konzepte Mi-
kro- und Makroebene, denn während Lebenschancen mit den für Akteure strukturell unterschiedlichen *Zugang zu Opportunitäten* identifiziert werden, zielt das
Konzept der Opportunitätsstruktur auf das *strukturell gegebene Ausmaß und Verteilung von Opportunitäten* (ebd.: 27).

In inhaltlicher Perspektive macht Merton noch im Kontext des anomietheoretischen Paradigmas deutlich, dass künftige Untersuchungen über anomietheoretische Frage- und Problemstellungen hinausgehen müssten, um der behaupte-
ten Allgemeinheit des Konzepts der Opportunitätsstrukturen gerecht werden zu
können. Erforderlich sei es deshalb generell, systematisch Daten zu erheben über
„*socially patterned differentials in (…) relative accessibility to the goal*: life-chances
in the opportunity structure" (Merton [1957b] 1968: 229). Damit wollte Merton
das Interesse weg von der – im Anschluss an seine anomietheoretischen Arbeiten weit verbreiteten – *strain theory* und den hier im Zentrum stehenden Wahlen
der Akteure lenken und stärker auf die strukturierten Unterschiede im Zugang
zu gegebenen Chancen sowie auf die Veränderungen der Opportunitätsstruktur
selbst richten: „It would also register the further theoretical idea that not only
were there socially structured differentials in access to the opportunities that then
and there did exist but that the scale, character, and distribution of those opportunities which formed objective conditions affecting the probability of successful
outcomes of choices were subject to varying rates and degrees of structural change

that differentially affect those variously located in the social structure" (Merton 1995a: 28). Nicht nur individuelle, sozial strukturierte Wahlen, sondern vielmehr noch die Veränderungen der durch die Opportunitätsstrukturen erweiterten oder verengten Handlungskorridore und Wahlmöglichkeiten der Akteure sind damit von ausschlaggebender Bedeutung.

Während so einerseits das Wahlhandeln der Akteure, andererseits aber auch die strukturellen Zwänge ihrer Handlungssituation ins Zentrum von Mertons theoretischem Interesse rücken, geht es ihm in konzeptioneller Hinsicht um eine grundlegende Erweiterung der Idee der Opportunitätsstruktur – eine Ausdehnung des Konzepts sowohl über anomietheoretische Fragestellungen als auch über seine Verengung auf ökonomische Ressourcen und soziale Mobilität hinaus. Merton zielt damit auf eine Generalisierung des Konzepts auf prinzipiell alle Bereiche sozialen Handelns. „That concept, I had begun to realize, should apply in principle to every kind of socially patterned choice" (ebd.: 29; vgl. Blau 1994).

Jenseits von Genese und Bedeutungsgehalt des Konzepts der Opportunitäts-strukturen genügen Mertons erste Hinweise auf seine theoretische Einbindung in sozial strukturiertes Wahlhandeln von Akteuren einerseits, strukturelle Zwänge andererseits noch nicht, um den theoretischen Kontext nachvollziehen zu können, in dem Opportunitätsstrukturen stehen. Dazu müssen die entscheidenden Aspekte der strukturellen Analyse selbst geklärt werden.

4.4   Grundlagen der strukturellen Analyse

Ein Verständnis von Mertons Idee der strukturellen Analyse macht es erforderlich, über die bisher werkgeschichtliche Rekonstruktion des Konzepts der Opportuni-tätsstrukturen hinauszugehen. Zunächst muss der theoretische Kontext erläutert werden, in den Merton das Konzept stellt; ferner muss Mertons Konzeption und sein Verständnis von Sozialstruktur geklärt werden; schließlich geht es darum, die Idee individuellen Handelns angesichts struktureller Zwänge zu klären.

4.4.1 Der theoretische Kontext von Opportunitätsstrukturen

Die Grundzüge der strukturellen Analyse Robert Mertons (1975) lassen sich durch eine Reihe methodologischer Kernpunkte definieren (vgl. Meja/Stehr 1998: 29 f.). Merton führt die Wurzeln des Begriffs „soziale Struktur", so wie er ihn verstanden wissen will, auf Durkheim und Marx zurück. Dabei verweist er auf komplementäre Konzepte wie „Dysfunktionalitäten" und „Widersprüche" oder „strukturelle Zwänge" und „gesellschaftliche Bedingungen", womit er die weit verbreitete Ansicht zurückweisen will, dass gerade diese beiden Theoretiker sich vollständig widersprächen (vgl. Lockwood 1992). Zentrale Aufgabe der strukturellen Analyse sei, so Merton, die Untersuchung von Mikro- und Makroebene sowie der Versuch, diese zu verbinden. Als entscheidend auf der Mikroebene erachtet Merton die Wahlhandlungen der Akteure zwischen sozial strukturierten Alternativen; auf der Makroebene hingegen geht es darum, dass die soziale Verteilung (die Konzentration und Streuung) von Herrschaft, Macht, Einfluss und Prestige Strukturen sozialer Kontrolle umfassen (Merton 1975). Mertons struktureller Ansatz geht weiter davon aus, dass soziale Strukturen sozialen Konflikt hervorrufen, der aus sich überschneidenden Ordnungen sozialer Statuspositionen herrührt; ferner nimmt Merton an, dass normative Strukturen keine einheitlichen Normenkomplexe haben und deshalb soziologische Ambivalenz hinsichtlich unvereinbar strukturierter Erwartungen und der dynamischen Veränderung in sozialen Rollen zu erwarten ist; schließlich rufen soziale Strukturen unterschiedliche Raten abweichenden Verhaltens hervor; und sie erzeugen zusätzlich zu äußeren Ereignissen „Veränderungen sowohl innerhalb der Struktur als auch Veränderungen der Struktur" (ebd.: 37).

Interessanterweise taucht der Begriff der Opportunitätsstruktur in dieser Liste derjenigen Aspekte, die die strukturelle Analyse kennzeichnen, nicht explizit auf. Wir müssen uns deshalb dem Zusammenhang von Sozialstruktur und Opportunitätsstruktur zuwenden, um diesem Konzept und den Interpretationen soziologischer Erklärung und soziologischer Theorie in Mertons struktureller Analyse näher zu kommen.

4.4.2 Die Idee der Sozialstruktur

Die grundlegende Idee des Begriffs und Konzepts der Sozialstruktur meint bei Merton ganz allgemein, dass Individuen strukturell in einem Netzwerk von Positionen verankert sind. Diese strukturelle Positionierung bezeichnet er als den sozialen Status einer Person, sodass soziale Strukturen aus einer Vielzahl von Statuspositionen bestehen, aus denen sich für den jeweiligen Inhaber eines Status bestimmte Rollen ergeben (vgl. Coser 2002: 158). Status und Rolle stellen damit die grundlegenden Elemente der Sozialstruktur dar (Münch 2004: 29). Da ein Individuum in einer Gesellschaft nicht nur über einen Status verfügt, sondern über mehrere (Bürger, Lehrer, Vater, Kunde etc.) und mit jedem Status eine Vielzahl von Rollen einhergehen, sind Individuen immer in soziale Strukturen eingebunden, d. h. sie verfügen über Status-Sets und Rollen-Sets. Daraus resultiert eine Vielzahl sozialer Beziehungen, die aufgrund der vielen unterschiedlichen Erwartungen, die von Rollenpartnern an Individuen als Statusinhaber und Rollenträger gestellt werden, äußerst konfliktträchtig sein können.[21]

Vor dem Hintergrund dieses prinzipiellen Verständnisses von Sozialstruktur lassen sich im Anschluss an Sztompka (1986) drei analytisch zu trennende Dimensionen des Strukturbegriffes unterscheiden: die normative Struktur, die ideale Struktur und die Opportunitätsstruktur.

Normative Struktur

Die Idee der normativen Struktur umfasst die bekanntesten Aspekte des Merton'schen Verständnisses von Sozialstruktur und bindet drei Komponenten zusammen: Werte und Normen, Rollen und Institutionen, und schließlich Rollen-Sets oder Status-Sets (vgl. Sztompka 1986: 163 ff.). Während erstens Werte die vorgeschriebenen und erwarteten legitimen Handlungsziele bezeichnen, begreift Merton Normen als die vorgeschriebenen und erwarteten legitimen Handlungsabläufe, die sicherstellen, dass zur Erreichung von Handlungszielen die legitimen Mittel angewandt werden. Zweitens geht es um Rollen und Institutionen. Rollen erscheinen hier als Cluster von Normen und Werten, die den Individuen ein spezifisches Verhalten gegenüber ihren Rollenpartnern vorschreiben; die Idee der Institution, so Sztompka (ebd.: 165), bleibt unbestimmt, deutet jedoch darauf hin, dass Merton damit eine Gesamtheit von Ideen und Werten meint, die das Verhalten derjenigen, die in einer Institution, wie etwa in der Wissenschaft, tätig sind, leitet. Drittens schließlich verweist Sztompka (ebd.) auf die dritte Komponente, die schon erwähnten Rollen- und Status-Sets, den Kernelementen der Sozialstruktur, in denen sich die (häufig unvereinbaren) Ansprüche und Erwartungen sozialer Akteure aneinander bündeln.

Ideale Struktur

Das Konzept der idealen Struktur ist von Merton kaum ausgearbeitet worden. Sztompka (ebd.: 169) geht davon aus, dass Merton darauf abzielt, dass Individuen bestimmte Vorstellungen über Normen und Werte wie auch über bestehende Opportunitäten hegen, doch er lässt es mit derartigen Feststellung auf sich bewenden (vgl. ebd.: 169 ff.).

---

21   Siehe Kapitel 6.2 zu Mertons Theorie des Rollen-Set.

Opportunitätsstruktur

Die Idee der Opportunitätsstruktur erweitert die mit der normativen Struktur einhergehenden Vorstellungen entscheidend, denn sie legt nahe, dass mit der Verankerung von Individuen in der Sozialstruktur, das heißt ihrer relativen Positionierung, Unterschiede im Zugang zu spezifischen Ressourcen wie Einfluss, Macht, Wohlstand, Wissen, Prestige etc. verbunden sind. Konsequenz dieser unterschiedlichen Opportunitäten ist die Entstehung einer Schichtungshierarchie, die sich in dem Maße verfestigt, als Merton davon ausgeht, dass Opportunitäten einer Art (etwa der Zugang zu Bildung), die eine spezifische Schichtungshierarchie erzeugen, *nicht* unabhängig sind von Zugang zu Opportunitäten einer anderen Art (etwa Zugang zu Macht), die eine andere Schichtungshierarchie begründen: „Every social structure has typical clusters of various kinds of opportunities, or otherwise put, of various dimensions of stratification. They produce a master, composite hierarchy of opportunities, vested interests, or strata (…)" (Sztompka 1986: 169). Vor diesem Hintergrund lässt sich nun der Zusammenhang von einer Opportunitätsstruktur, die das Handeln und die Lebenschancen von Individuen systematisch beschränkt, und deren individuellem Wahlhandeln nun genauer untersuchen.

4.4.3 Strukturelle Zwänge und individuelles Wahlhandeln

Die hier von Merton ins Spiel gebrachte Dimension der Opportunitätsstruktur stellt für Akteure die „objektive Handlungssituation dar, von deren Gestalt der Handlungserfolg abhängt" (Schmid 1998: 75); sie macht zum einen verständlich, warum die jeweilige Positionierung von Individuen in der Sozialstruktur strukturell unterschiedliche Handlungsoptionen bereithält, und sie erklärt zum anderen, warum es angesichts dieser Handlungsoptionen zu sozial strukturierten Wahlhandlungen von Akteuren kommen muss. Diese Vorstellung von unterschiedlichen Handlungsoptionen für die sozialen Akteure angesichts ihrer sozialstrukturellen Platzierung entspricht der von Merton getroffenen Unterscheidung von Mikro- und Makroebene und hat zu zwei unterschiedlichen Interpretationen des Kerns seines strukturellen Ansatzes geführt; wobei Merton, wie oben deutlich geworden ist, auch beide für seinen Erklärungsansatz beansprucht hat: Arthur Stinchcombes (1975; 1990) zentrales Argument im Kontext eines individualistisch argumentierenden Erklärungsversuches lautet im Hinblick auf Mertons Ansatz: „central to social structure is the choice between socially structured alternatives, and the core variable to be explained is different rates of choice by people differently located in the social order" (Stinchcombe 1990: 81). Er richtet damit das Augenmerk auf *Prozesse individueller Wahlhandlungen* angesichts sozial strukturierter Alternativen. Ganz im Gegensatz dazu betont Peter Blau die Bedeutung Mertons als Strukturtheoretiker. Für ihn charakterisieren deshalb die *strukturellen Zwänge*, die auf das Handeln von Individuen wirken, Mertons Ansatz (Blau 1990: 144). Entscheidend ist für ihn nicht die Frage nach individuellen Wahlentscheidungen, sondern die danach, wie Veränderungen der Sozialstruktur die Wahrscheinlichkeit oder Rate eines bestimmten Verhaltens beeinflussen, ganz gleich, wer dieses ausübt (ebd.: 145). In dieser an Durkheim geschulten strukturellen Perspektive ist allein ausschlaggebend, wie eine sich verändernde Opportunitätsstruktur die Möglichkeiten sozialer Akteure beeinflusst: „Opportunity structure and structural constraints are complementary concepts: restricted opportunities become constraints; fewer constraints enlarge opportunities" (ebd.). Damit stehen sich letztlich zwei einander ausschließende Erklärungsansätze entgegen. Allerdings hilft keiner von beiden weiter, wenn es um das Problem einer adäquaten Interpretation des Wahlhandelns von Akteuren unter vorgefundenen strukturellen Bedingungen geht. Dazu bedarf es eines weiteren theoretischen Arguments, welches zum Erklärungsprogramm führt, das mit der strukturellen Analyse verbunden ist.

4.5   Das Erklärungsprogramm der strukturellen Analyse

Mit dem Konzept der Opportunitätsstruktur verfolgt Merton zwei Absichten: Zum einen geht es um eine Erklärung sozialer Prozesse, zum anderen um die Entwicklung eines allgemeinen Konzepts von Opportunitätsstrukturen. Im Sinne seiner Stipulationen der strukturellen Analyse zeigt Merton (1975), dass er zur Erklärung sozialer Prozesse sowohl auf die Analyse auf Mikro- wie auf Makroebene abzielt, die er mit den Konzepten der Lebenschancen und Opportunitätsstrukturen fasst.

An dieser Stelle zeigt sich deutlich, dass Merton trotz seiner theoretischen Ausrichtung auf Theorien mittlerer Reichweite nicht auf grundlegende und umfassende theoretische Vorstellungen verzichtet, denn es geht an dieser Stelle letztlich um eine grundlegende soziologische Positionierung im Hinblick auf das Verständnis sozialer Akteure und die Frage, wie deren Handeln unter vorgegebenen Bedingungen zu begreifen und zu konzeptionalisieren ist. Und das führt uns zu den grundlegenden Einsichten des Merton'schen Verständnisses von sozialen Akteuren, ihrem Handeln und dessen Begrenzungen durch strukturelle Zwänge:

1. Das Merton'sche Erklärungsprogramm hat eine *handlungstheoretische Grundlage*. Das Handeln sozialer Akteure gilt dabei als zielgerichtet oder absichtsvoll; es ist als Folge eines Entscheidungsprozesses Wahl- oder Entscheidungshandeln; es kann als (in Grenzen) zweckvoll und rational bezeichnet werden und gilt letztlich als motiviert (vgl. Schmid 1998: 72).

2. Allerdings ist damit kein voluntaristisches Handlungskonzept (Sztompka 1986: 228 f.) verbunden. Entscheidend ist vielmehr das Verhältnis dieses Handelns zu seinen *strukturellen Bedingungen*. Die objektive Handlungssituation, in der sich ein Akteur befindet, besteht aus der kulturellen Struktur, d. h. den verbindlichen Zielen und Normen, sowie der sozialen Struktur, d. h. den zwischen Personen bestehenden faktischen Interaktionsbeziehungen.

3. Die so bestimmte objektive Handlungssituation bezeichnet Merton als *Opportunitätsstruktur* für das Handeln sozialer Akteure. Akteure bzw. Gruppen sozialer Akteure befinden sich in unterschiedlichen sozialen Schichten oder Klassen, sie verfügen über unterschiedliche soziale Status und verfolgen unterschiedliche Interessen und Werte. Diese können miteinander kompatibel sein, sie können jedoch auch in Widerspruch zueinander stehen. Das heißt, soziale Strukturen können Konsens oder Konflikt erzeugen. Die Ressourcen der Opportunitätsstruktur, die über den Grad der Begrenzung der Handlungsmöglichkeiten sozialer Akteure oder Gruppen entscheiden, sind äußerst ungleich verteilt.

4. Die Opportunitätsstruktur hat für die Erklärung sozialen Handelns zwei entscheidende Effekte: einerseits handelt der Akteur in einer Handlungssituation, die er vorfindet. Er kann innerhalb dieser strukturellen Beschränkungen aber auf die Rahmenbedingungen einwirken, wodurch er zugleich die Bedingungen jener Akteure verändert, mit denen er eine nicht unmittelbar veränderbare Opportunitätsstruktur gemein hat; zweitens wird „dadurch verständlich, wie es möglich ist, dass die Handlungen anderer Akteure den Möglichkeitsspielraum eines spezifischen Akteurs einschränken. Sie tun dies, indem die Folgen bestimmter Handlungen die Situationsbedingungen bestimmen, unter denen Ziele überhaupt erst verfolgt werden können" (Schmid 1998: 76). Das ist das *strukturelle Erklärungsprogramm*, das Merton entwickelt und mit dem er soziales Handeln, soziale Organisation und sozialen Wandel erklären will.

5. Es geht Merton also darum, das *soziale Leben als Folge der strukturellen Beschränkungen sozialen Handelns zu erklären*. Hier geht es um die Frage, wie Veränderungen der sozialen Struktur Wahrscheinlichkeiten des Auftretens bestimmten sozialen Handelns hervorrufen (Blau 1990: 145), und es lässt sich feststellen, dass in Prozessen struktureller Reproduktion „Prozesse differen-

tieller Verteilung von Macht, Prestige, Einfluß und Reichtum derart (wirken), dass bestimmte Handlungsweisen, die aufgrund der strukturellen Bedingungen dieser Prozesse eher oder gehäufter ausgewählt werden, eine größere Chance des Wiederauftretens haben als andere" (Schmid 1998: 84 f.).

Fasst man diese Aspekte zusammen, so kann das Problem des Verhältnisses von strukturellen Bedingungen und individuellem Wahlhandeln im Anschluss an Schmids Interpretation folgendermaßen zusammengefasst werden: „Der Akteur handelt zwar angesichts einer vorgegebenen Handlungssituation, kann im Rahmen der hierbei auftretenden Beschränkungen aber durchaus auf sie einwirken, indem sein Handeln Effekte generiert, die die Ausgangslage von Anschlußhandlungen verändern. In gleicher Weise und gleichzeitig verändert er auch die Rahmenbedingungen aller übrigen Akteure, die sich grundsätzlich in ebenderselben Lage befinden wie er selbst: nämlich in Rücksicht auf eine vorliegende und im Augenblick nicht veränderbare ‚opportunity structure' handeln zu müssen. Zum anderen wird genau dadurch verständlich, wie es überhaupt möglich ist, dass die Handlungen anderer Akteure den Möglichkeitsspielraum eines spezifischen Akteurs einschränken. Sie tun dies, indem die Folgen bestimmter Handlungen die Situationsbedingungen bestimmen, unter denen Ziele überhaupt erst verfolgt werden können" (Schmid 1998: 76).

Diese Interpretation geht deutlich über Mertons Versuch hinaus, beide der oben skizzierten Positionen von Stinchcombe und Blau haben zu wollen. Während es hier einerseits um individualistische Entscheidungen angesichts sozial strukturierter Alternativen, andererseits um Strukturdynamiken geht, kommt eine entscheidende Erweiterung der Erklärung ins Spiel: Es ist die Einsicht, dass das Handeln, das heißt die Wahlentscheidungen oder -strategien von Akteuren – ob intendiert oder nicht-intendiert – die Opportunitätsstruktur anderer Akteure beeinflussen. Merton hatte das in seinem frühen Aufsatz *The Unanticipated Consequences of Purposive Social Action* (Merton 1936a) mit der Konzeption der nichtintendierten Folgen absichtsvollen Handelns im Kern bereits formuliert. Mit dem strukturellen Erklärungsansatz wird deutlich, dass die Vorstellung, dass das Handeln von Akteuren Konsequenzen für andere Akteure haben und ihre je individuelle Opportunitätsstruktur beeinflussen kann, weit über den Versuch, einen individualistischen und einen strukturalistischen Ansatz nebeneinanderzustellen, hinaus geht. In dieser Einsicht besteht tatsächlich Mertons eigentliche theoretische Leistung. Die Kernpunkte seiner Stipulationen zur strukturellen Analyse lassen sich wie folgt zusammenfassen:

Abbildung 6   Stipulationen struktureller Analyse

1. Der Begriff „soziale Struktur" ist polymorph in dem Sinne, dass er mehrere Stammbäume soziologischen Denkens besitzt.

2. Die grundlegenden Vorstellungen der strukturellen Analyse gehen weiter zurück als auf die strukturalistischen Schulen und Moden der 1970er Jahre.

3. Die strukturelle Analyse in der Soziologie geht zurück auf Emile Durkheim und Karl Marx. Eine Vielzahl ihrer Ideen erachtet Merton im Gegensatz zu weit verbreiteten Einschätzungen nicht als wechselseitig ausschließend oder widersprüchlich, sondern als komplementär. Es geht im Kern bei beiden Klassikern um die strukturellen Beschränkungen individuellen Handelns.

4. Die hier behauptete Konvergenz zweier Denkformen sieht Merton nicht als Krise der Disziplin, sondern als möglichen „Prozess der Konsolidierung von Begriffen, Ideen und Hypothesen, der zu allgemeineren Paradigmen führt" (Merton [1975] 1978: 36).

5. Die strukturelle Analyse muss sich mit Mikro- und Makrophänomenen befassen, und sie muss sich deshalb mit dem Mikro-Makro-Problem beschäftigen.

6. Für die Mikroebene heißt das, dass es sich hier um den zentralen sozialen Prozess der individuellen Wahl zwischen sozial strukturierten Alternativen handelt (vgl. Stinchcombe 1975: 12). Das bedeutet, dass die Entscheidung für eine Wahlalternative als sozial konstituiert begriffen wird und damit einen Teil der institutionellen Ordnung darstellt.

7. Auf der Makroebene bedeutet es, dass die soziale Verteilung von Herrschaft, Macht, Einfluss und Prestige Strukturen sozialer Kontrolle umfasst, die teilweise über Prozesse der „Akkumulation von Vor- und Nachteilen" bei unterschiedlich in der Sozialstruktur positionierten Personen historischem Wandel unterliegen.

8. Grundlegend ist, dass soziale Strukturen durch Differenzierung in sich überschneidender Ordnungen von Statuspositionen, Rollen, Schichten, Organisationen und Gemeinden sozialen Konflikt hervorrufen, da diese Ordnungen je eigene und daher Konflikt erzeugende, aber auch gemeinsame Interessen und Wertvorstellungen haben.

9. Normative Strukturen haben keine einheitlichen Normenkomplexe. Teil normativer Strukturen sind stattdessen unvereinbare strukturierte Erwartungen (soziologische Ambivalenz) und dynamische Veränderungen von Normen und Gegennormen.

10. Soziale Strukturen rufen unterschiedliche Häufigkeiten abweichenden Verhaltens hervor. Es resultiert aus der Diskrepanz zwischen als verbindlich anerkannten gesellschaftlichen Zielen,

    Normen und Werten und den sozialstrukturell ungleich verteilten Ressourcen, diese mit legitimen Mitteln zu erreichen.

11. Zusätzlich zu externen Ereignissen rufen soziale Strukturen selbst sowohl Veränderungen innerhalb der Struktur als auch der Struktur hervor. Diese Prozesse sind zurückzuführen auf kumulativ sich verstärkende sozial strukturierte Wahlen sowie auf die Verstärkungen dysfunktionaler Effekte, die aus Konflikten, Widersprüchen etc. in der differenzierten Sozialstruktur resultieren.

12. Vor dem Hintergrund dieser Annahmen bedeutet das auch, dass jede neue, in eine nicht von ihr geschaffene Sozialstruktur hineingeborene Generation, wie andere Generationen auch, differentiell zu deren Modifikation beiträgt, ob unbeabsichtigt oder geplant, in Reaktion auf objektive soziale Konsequenzen wiederum unbeabsichtigten wie auch geplanten organisierten und kollektiven Handelns.

13. Es ist analytisch nützlich, zwischen manifesten und latenten Ebenen sozialer Strukturen und sozialer Funktionen zu unterscheiden.

14. Es ist eine Frage des theoretischen Prinzips, dass die strukturelle Analyse, wie alle anderen Ansätze auch, nicht dazu in der Lage ist, alle sozialen und kulturellen Phänomene gänzlich und erschöpfend zu erklären.

Quelle: Merton 1975: 31 ff.

5   Soziologische Analysen

Robert Merton war ganz wie Talcott Parsons ein unheilbarer Theoretiker, der immer wieder gezeigt hat, in welchem Maße autonome theoretische Arbeit zum soziologischen Unternehmen beizutragen vermag (Levine 2006: 240). Was aber Merton von Parsons unterscheidet, ist der enge Bezug zur empirischen Forschung, den er sowohl durch die Einbindung in den Kontext des „Bureau of Applied Social Research" wie durch eine Vielzahl eigener empirischer Forschungsprojekte unterhielt. Wie oben in Kapitel 3 gesehen, geht es dabei nicht um ein äußerliches Verhältnis, bei dem eine leitende Theorie auf den jeweiligen Forschungsgegenstand angewendet würde. Empirie und Theorie stehen vielmehr in einem engen Wechselverhältnis, das keiner von beiden eine Leitrolle zuerkennt, sondern ihren jeweiligen Beitrag zum Fortschritt des anderen wie des soziologischen Unternehmens als solchem betont. Ist die strukturelle Analyse das Herz der Merton'schen Soziologie, so ist seine Konzeption der Soziologie das Geflecht der Venen und Arterien, die es mit all den spezifischen Themen verbinden, denen er sich in seinem umfangreichen Werk gewidmet hat. Vier dieser Bereiche sollen nun etwas genauer betrachtet werden, da sie einerseits Felder darstellen, die Merton durch seine Arbeiten grundlegend geprägt hat, und andererseits sehr gut illustrieren, wie seine Konzeption der Soziologie praktisch zur Geltung kommt.

Mertons Anomie-Aufsatz von 1938 nimmt eine grundlegende Durkheim'sche Fragestellung auf und verdeutlicht, wie Merton sich die Inkorporation soziologischer Klassiker in die aktuelle Forschung – im Gegensatz zur ehrfürchtigen Rezitation – vorstellt. Die Theorie des Rollen-Set ist ein Paradebeispiel für die Theorien mittlerer Reichweite. Seine Theorie der Bezugsgruppen zeigt, wie das Zusammenspiel von Theorie und Empirie – mit Merton in der Rolle des Theoretikers – ideal zu funktionieren hätte. Mertons Wissenschaftssoziologie schließlich ist nicht nur das Feld, dem er in seiner langen Schaffenszeit treu verbunden geblieben ist, sondern zugleich auch die kognitive Grundlage seiner Konzeption der Soziologie, denn sie impliziert, die Soziologie als Wissenschaft wie andere Wissenschaften zu sehen, und ermöglicht dadurch, sie selbst soziologisch zu reflektieren.

5.1   Sozialstruktur und Anomie

Mertons früher Aufsatz „Social Structure and Anomie" aus dem Jahr 1938 (Merton
[1938b] 1968) widmet sich der Anomieproblematik – einem klassischen soziologischen Problem. Merton nimmt darin Durkheims Anomiekonzept wieder auf und
entwickelt es zugleich in spezifischer Weise weiter. Im Gegensatz zu einer häufig vorgebrachten Kritik der hier differenzierten unterschiedlichen Adaptionsfor-
men individueller Akteure angesichts spezifischer struktureller Bedingungen sozialen Handelns, zielt Mertons Konzeption keineswegs auf eine individualistisch
verdünnte Reformulierung des Durkheim'schen Ansatzes. Ganz im Gegenteil: Es
geht um weit mehr als um ein psychologisierendes Erklärungsmodell menschlichen Handelns.

Warum, so lässt sich Mertons Ausgangsfrage formulieren, variiert die Häufigkeit abweichenden Verhaltens innerhalb der Sozialstruktur und weshalb unterscheiden sich, je nach sozialer Lage, die Erscheinungsformen anomischen Verhaltens? Ziel eines soziologischen Zugriffs auf dieses Problem ist es, zu entdecken,
wie bestimmte soziale Strukturen auf bestimmte Individuen in der Gesellschaft
einen derartigen Druck ausüben, dass diese eher zu abweichendem als zu konfor-
mem Verhalten neigen.

Merton geht davon aus, dass jene gesellschaftlichen Gruppen, die solchem
Druck ausgesetzt sind, relativ hohe Raten abweichenden Verhaltens zeigen werden, und dies nicht, weil psychologische Faktoren sie dazu drängen, sondern weil
sie in einer spezifischen sozialen Situation ganz einfach auf solchen Druck reagieren. Es geht also um die Identifikation spezifischer Raten abweichenden Verhaltens in gesellschaftlichen Gruppen, die sich in einer bestimmten Position der Sozialstruktur befinden.

Merton nimmt an, dass von den verschiedenen Elementen der sozialen und
kulturellen Struktur zwei von entscheidender Bedeutung sind. Zum einen *kulturell definierte Ziele,* die als legitim für alle Mitglieder der Gesellschaft gelten und
jene Ziele sind, nach denen es sich zu streben lohnt. Das zweite Element der kulturellen Struktur, die *institutionalisierten Normen,* definieren, regulieren und kon-
trollieren die akzeptablen Modi der Erreichung dieser Ziele.

Vor diesem Hintergrund kann von Anomie dann gesprochen werden, wenn
es sozialen Akteuren nicht möglich ist, die kulturell verbindlichen Ziele mit den
legitimen Mitteln zu erreichen und sie deshalb deviantes Verhalten zeigen. Der
Grund dafür, so Mertons weitere Annahme, ist in der Sozialstruktur zu suchen.
Und hier kommt das strukturelle Erklärungsprogramm ins Spiel: Mit welchem
devianten Verhalten Individuen darauf reagieren, legitime Ziele nicht mit legi-

timen Mitteln erreichen zu können, ist eine Frage ihrer sozialstrukturellen Lage. Es ist eine spezifische Opportunitätsstruktur, die den Druck zu deviantem Verhalten und damit spezifische Raten unterschiedlichen anomischen Verhaltens erzeugt.

Das Beispiel, an dem Merton unterschiedliche Modi der Adaption sozialer Akteure aufgrund dieser Bedingungen erläutert, ist das für die gesamte amerikanische Gesellschaft verbindliche Ziel individuellen ökonomischen Erfolges. Kaum ein Ziel dürfte hier mit mehr Nachdruck betont werden und als verbindlich für die Mitglieder aller gesellschaftlicher Schichten verankert sein, ohne jedoch die legitimen Mittel zu Erreichung dieses Zieles in ähnlichem Maße festzuschreiben. Angesichts dieser Problematik stellt sich Merton die Frage, welcher Druck auf die Individuen unterschiedlicher gesellschaftlicher Gruppen entsteht, zur Erreichung individuellen Erfolges zu illegitimen Mitteln zu greifen und damit abweichendes Verhalten zu zeigen: „What, in short, are the consequences for the behavior of people variously situated in a social structure of a culture in which the emphasis on dominant success-goals has become increasingly separated from an equivalent emphasis on institutionalized procedures for seeking these goals?" (Merton [1938b] 1968: 193).

Wie lassen sich also unterschiedliche Raten abweichenden Verhaltens von Individuen in unterschiedlichen Positionen der Sozialstruktur erklären? Merton unterscheidet vier Typen abweichenden Verhaltens:

Innovation ist ein Typus, in dem soziale Akteure das kulturell verbindliche Ziel als legitim akzeptieren, die institutionell legitimierten Handlungen, dieses Ziel zu erreichen, hingegen ablehnen und nach neuen Mitteln suchen. Diesen Handlungstypus erkennt Merton zwar auch im Falle der so genannten „Robber Barons" oder allgemeiner der „white collar crimes", doch gerade in den unteren sozialen Schichten ist der Druck, zu illegitimen Mitteln zu greifen, um zu individuellem ökonomischem Erfolg zu gelangen, ungleich größer. Der strukturelle Grund hierfür liegt in der sozialstrukturell ungleichen Verteilung der Ressourcen und Mittel, das legitime Ziel erreichen zu können.

Ritualismus, der zweite Typus abweichenden Verhaltens, beschreibt hingegen eine Situation, in der nicht mehr nach dem verbindlichen Ziel individuellen ökonomischen Erfolgs gestrebt wird, das routinisierte Verhalten, das dazu dient, dieses Ziel zu erreichen, allerdings beibehalten wird. Ritualismus scheint ein typisches Verhaltensmuster der unteren Mittelklasse zu sein, deren Mitglieder angesichts von Statusängsten nichts mehr riskieren wollen, den Wettbewerb um weiteren sozialen Aufstieg aufgeben, auf der „sicheren Seite" sein wollen und sich mit dem Erreichten zufrieden geben. Kulturelle Klischees – „,I'm playing safe', ,I'm satisfied with what I've got"" (ebd.: 204) – bringen diese Ängste zum Ausdruck und dienen der Rechtfertigung für konformes Verhalten.

Rückzug, die Ablehnung sowohl des Ziels individuellen Erfolges wie auch der legitimen Mittel, das Ziel zu erreichen, stellt die dritte Form anomischen Verhaltens dar. Rückzug ist dann am wahrscheinlichsten, wenn das entsprechende Individuum das kulturelle Ziel stark verinnerlicht hatte, jedoch keine Möglichkeiten sah, es mittels der institutionellen Möglichkeiten zu erreichen. Während die Wettbewerbsordnung aufrechterhalten bleibt, stellen Rückzug und Resignation Fluchtmechanismen dar, durch die ein Individuum zum „drop out" wird: „People who adapt (or maladapt) in this fashion are, strictly speaking, *in* the society, but *not of* it. Sociologically, these constitute true aliens. Not sharing the common frame of values, they can be included as members of the *society* (…) only in a fictional sense" (ebd.: 207).

Rebellion, die letzte Devianzform bleibt weitgehend unbestimmt. Merton grenzt sie von bloßem Ressentiment ab und begreift sie als Wunsch nach völlig neuen kulturellen Zielen und Wegen, die aus massiven Frustrationserfahrungen mit den bestehenden Handlungsoptionen resultieren. Merton bemerkt jedoch, dass, gleich worin der Grund massenhafter Frustration liege, in diesem Falle nicht die Grundstruktur der Gesellschaft für das anomische Verhalten verantwortlich gemacht werden könne.

Merton geht davon aus, dass die Ursache unterschiedlicher Formen anomischen Verhaltens ausschließlich in den strukturellen Bedingungen des Handelns sozialer Akteure gesucht werden können, nicht in den individuellen Präferenzen oder Motiven der Akteure. Deutlich wird dabei, wie das strukturelle Erklärungsprogramm umgesetzt wird.

Abbildung 7   Typologie der Modi individueller Anpassung

	Modi der Anpassung	Kulturelle Ziele	Institutionalisierte Mittel
I.	Konformität	+	+
II.	Innovation	+	–
III.	Ritualismus	–	+
IV.	Rückzug	–	–
V.	Rebellion	+/–	+/–

Quelle: Merton [1957] 1968: 194.

5.2 Theorie des Rollen-Sets

Die Theorie des Rollen-Sets (Merton 1957d) trägt alle Charakteristika einer Theorie mittlerer Reichweite. Mertons Ansatz weicht in ganz entscheidender Hinsicht von dem zu seiner Zeit gültigen Rollenmodell von Linton (1936) ab, für den ein einzelner Status einer Person mit nur einer sozialen Rolle assoziiert war.

Als typischen Ausgangspunkt für eine Theorie mittlerer Reichweite hatte Merton eine „relativ einfache Idee" bestimmt. Diese Idee besteht in Falle des Rollen-Sets darin, dass Merton von Lintons Verständnis an einem entscheidenden Punkt abweicht. Wie in der Diskussion seines strukturellen Ansatzes deutlich geworden ist, geht Merton davon ans, dass ein Status nicht einfach eine einzige Rolle umfasst, sondern vielmehr eine Vielfalt von Rollen (Merton 1957d: 110).

Merton verdeutlicht den Gewinn dieser „relativ einfachen Idee" am Beispiel des Status des Lehrers. Dieser Status beinhaltet ein spezifisches Rollen-Set, das heißt der Lehrer muss in seinen Interaktionen mit Schülern, Kollegen, Vorgesetzten, Eltern, der Schulbehörde, der Gewerkschaft unterschiedliche Rollen spielen. Führt man sich diese vielfältigen sozialen Interaktionen vor Augen, so wird deutlich, dass selbst scheinbar einfache soziale Strukturen äußerst komplex sind. Zugleich verweist die Idee des Rollen-Sets darauf, dass Gesellschaften das funktionale Problem lösen müssen, die Vielfalt all dieser Rollen-Sets so zu organisieren, dass ein bestimmter Grad sozialer Regelmäßigkeit erreicht werden kann, der es den Mitgliedern der Gesellschaft möglich macht, ihren Tätigkeiten nachgehen zu können, ohne permanent durch die widersprüchlichen Anforderungen der Rollen-Sets in Konflikte zu geraten.

Um von theoretischem Wert zu sein, so Merton weiter in seiner Charakterisierung der Theorien mittlerer Reichweite, muss diese einfache Annahme spezifische Fragestellungen und Probleme für die soziologische Theorie generieren, die nur durch diese spezifische Perspektive erkennbar werden. Merton geht davon aus, dass diese Forderung erfüllt wird, da sein Verständnis eines Rollen-Sets es erforderlich macht, jene sozialen Mechanismen zu bestimmen, durch die die Erwartungen der Akteure in diesem Rollen-Set so kanalisiert werden können, dass die Konflikte, mit denen der Statusinhaber konfrontiert wird, reduziert werden (vgl. ebd.: 111).

Die zentrale Bedeutung sozialer Mechanismen – ihnen hatte Merton die entscheidende Funktion der Erklärung sozialer Prozesse zugewiesen –, zeigt sich unter der Voraussetzung, dass es Grund zur Annahme gibt, dass der Inhaber eines Status – hier also der Lehrer – von allen Personen innerhalb des Rollen-Sets mit unterschiedlichen oder konfligierenden Ansprüchen konfrontiert wird. Diese

strukturelle Besonderheit führt zu einer doppelten Frage. Zum einen geht es
darum, ob, und wenn ja, welche sozialen Mechanismen wirken, um die Instabili-
tät von Rollen-Sets zu verringern; zum anderen aber geht es darum, zu klären, unter welchen Bedingungen diese Mechanismen nicht wirken können, was dann zu
mehr Konflikten führen muss (ebd.: 112 f.). Es geht Merton damit um das analytische Problem, jene sozialen Mechanismen zu identifizieren, die ein spezifisches
Maß an sozialer Ordnung erzeugen, welches ohne ihr Wirken nicht entstünde,
und eben nicht um die bloß funktionale Feststellung parsonianischer Provenienz,
dass soziale Ordnung bewahrt wird.

Die Frage also ist, welches einige der entscheidenden sozialen Mechanismen
sind, deren Wirken den strukturell verursachten Instabilitäten des Rollen-Sets
entgegenwirken kann? Merton unterscheidet sechs solche Mechanismen:

1. *Die Zuschreibung der relativen Bedeutung unterschiedlicher Status.* Die Stabilisierung eines Rollen-Sets erfolgt bspw. dadurch, dass unterschiedlichen Status
   innerhalb der Sozialstruktur unterschiedliche Bedeutung zugeschrieben wird.
   In dem Maße, in dem etwa die aus dem Status des Familienmitglieds oder
   Beschäftigten resultierenden Verpflichtungen als wichtiger definiert werden
   als jene, die aus der Mitgliedschaft in freiwilligen Assoziationen herrühren,
   sind für die Akteure innerhalb eines Rollen-Sets ihre Beziehungen auch unterschiedlich bedeutsam. Das lässt sich am Beispiel des Lehrers verdeutlichen:
   Er ist mit den Ansprüchen jener Personen konfrontiert, mit denen er innerhalb seines Rollen-Sets in Beziehung steht. Das Gewicht, das diese Beziehung
   jeweils hat, ist aber davon abhängig, welche Bedeutung ihr von diesen Personen jeweils beigemessen wird.

2. *Die Nutzung von Machtungleichgewichten der Akteure innerhalb eines Rollen-
   Sets.* Dieser Mechanismus zur Stabilisierung des Rollen-Sets hat zur Folge,
   dass im Weber'schen Sinne ein Akteur die Fähigkeit besitzt, seinen Willen
   auch gegen den Willen eines anderen Akteurs im Rollen-Set durchzusetzen.
   Das heißt nicht, dass mächtigere Akteure sich in Konflikten immer durchsetzen können, vielmehr sind über Koalitionsbildungen etwa Prozesse denkbar,
   durch die Mächtige selbst der Kontrolle unterworfen werden. Merton geht es
   hier um die Frage, in welchem Maß der Mächtigste in einem Rollen-Set seine
   Vorstellungen durchsetzen kann und inwiefern das Engagement der anderen
   Akteure dessen Durchsetzungsfähigkeit, seine Macht oder seinen Einfluss beschränken können.

3. *Abtrennung spezifischer Rollen-Aktivitäten von der Beobachtung durch Mitglieder des Rollen-Sets.* Da der Kontakt des Statusinhabers zu den Mitgliedern des

Rollen-Sets nicht permanent ist, diese vielmehr in vielen Situationen gar nicht anwesend sind, erzeugt sein Rollenverhalten nicht in jedem Fall unmittelbar Gegenreaktionen dieser Personen. Dies hat nichts damit zu tun, dass eine Person ihr Verhalten vor anderen zu verheimlichen sucht. Vielmehr geht es um die strukturellen Arrangements, die diesen Prozessen zugrunde liegen, denn es ist ein struktureller Effekt, dass sich soziale Status durch das Ausmaß unterscheiden, in dem das Handeln sozialer Akteure in ihnen regelmäßig vor der Beobachtung anderer verborgen bleibt (ebd.: 115).

4. *Offensichtlichkeit konfligierender Forderungen der Mitglieder eines Rollen-Sets.* In Fällen, in denen offensichtlich einander völlig entgegengesetzte Forderungen an den Statusinhaber herangetragen werden, kann deren Verdeutlichung dazu führen, dass die Teilnehmer des Rollen-Sets ihre jeweiligen Forderungen aufeinander abstimmen. In diesem Fall kann der Statusinhaber, indem er die Widersprüche sichtbar macht, die Aufgabe, die Widersprüche zu lösen, an sie delegieren.

5. *Wechselseitige Unterstützung der Statusinhaber.* Statusinhaber sind nicht alleine. Da eine Vielzahl von Akteuren in einer solchen sozialen Position, etwa der des Lehrers, sind, können diese sich wechselseitig unterstützen, indem sie sich mit den Konflikten, die aus widersprüchlichen Ansprüchen an ihren Status resultieren, im Rahmen einer Assoziation auseinandersetzen.

6. *Beschneidung des Rollen-Sets.* Ein Grenzfall der Auseinandersetzung mit unvereinbaren Ansprüchen an Statusinhaber ist der Abbruch von Rollenbeziehungen. Das ist nur unter besonderen Bedingungen und sehr begrenzt möglich. Der Statusinhaber muss in der Lage sein, auch ohne die Unterstützung des betreffenden Rolleninhabers seine Funktion auszuüben, und die Sozialstruktur muss diesen Schritt ermöglichen. Die Struktur des Rollen-Sets ist jedoch keineswegs Ausdruck freier Wahl, sondern abhängig von der sozialen Situation, in die der Status eingebettet ist. Gewöhnlich scheidet deshalb beim Abbruch von Rollenbeziehungen ein sozialer Akteur aus, während die Struktur unverändert bleibt (ebd.: 117).

Die Analyse der Theorie des Rollen-Sets verdeutlicht noch einmal die Erklärungslogik der Theorien mittlerer Reichweite: Ausgangspunkt ist die von der gängigen Vorstellung abweichende Annahme, dass ein sozialer Status nicht eine einzige, sondern eine Vielzahl von Rollen umfasst, sodass der Statusinhaber mit vielen anderen Rollen konfrontiert ist; dieses neue Konzept des Rollen-Sets führt dazu, dass spezifische theoretische Probleme, Hypothesen und empirische Fragestellungen entwickelt werden können; das Konzept richtet die Aufmerksamkeit auf jene strukturellen Bedingungen, die zu oft widersprüchlichen Verhaltensanforderungen an einen Statusinhaber führen. „Erklärt wird in solchen Fällen nicht das Handeln einzelner Gruppenmitglieder oder Statusinhaber, sondern z. B. die relativ geringe Rate an disruptiven Erwartungskonflikten infolge der Wirksamkeit struktureller Mechanismen, die teils auf Machtungleichgewichten unterschiedlicher Referenzgruppen mit unvereinbaren Verhaltenserwartungen an den Rollensetinhaber beruhen, teils auf der mangelnden Beobachtbarkeit seiner Rollenausübung, teils auf dem ganz unterschiedlich gelagerten Interesse der Referenzgruppen an der Rollenerfüllung" (Schmid 1998: 80).

5.3   Theorie der Bezugsgruppen

Bei der Theorie der Bezugs- oder auch Referenzgruppen geht es im weitesten Sinne um das Phänomen, dass Menschen sich an den Normen und Werten verschiedener Gruppen orientieren, darunter auch solcher, denen sie gar nicht angehören. Während der Begriff der Bezugsgruppe – „reference group", im Deutschen auch Referenzgruppe – aus der Sozialpsychologie stammt und 1942 von Hyman geprägt wurde (Hyman 1942), findet Merton die Anregung für seine eigene Beschäftigung mit der Thematik in der großen empirischen Studie zu den Lebensverhältnissen und Einstellungen der US-Soldaten während des Zweiten Weltkriegs, *The American Soldier* (Stouffer et al. 1949).

In der Auswertung der empirischen Forschungsergebnisse sahen sich Stouffer und seine Mitarbeiter mit einer Reihe empirischer Befunde konfrontiert, die auf den ersten Blick nicht nachvollziehbar erschienen. So zeigten sich etwa Unteroffiziere der Militärpolizei, wo die Aufstiegschancen miserabel waren, mit ihren Aufstiegsmöglichkeiten weit zufriedener als Unteroffiziere in der Luftwaffe, für die es objektiv weit besser aussah. Erklären ließ sich dieser eigentümliche Befund durch die „Theorie der relativen Deprivation": die subjektive Empfindung von Mangel und Entbehrung ist nicht einfach eine Widerspiegelung der objektiven Gegebenheiten, sondern relativ, d. h. abhängig vom jeweiligen Vergleichsmaßstab. Die Unteroffiziere in der Militärpolizei verglichen sich, so die Vermutung von Stouffer und Mitarbeitern, mit der Masse derjenigen in der Militärpolizei, die es nicht zum Unteroffizier gebracht hatten, und waren daher sehr zufrieden. Umgekehrt war die Beförderung zum Unteroffizier in der Luftwaffe so verbreitet, dass sie nicht mehr als Ausdruck guter Aufstiegsmöglichkeiten wahrgenommen wurde (vgl. Stouffer et al. 1949: I, 251 ff.).

Die gegenüber den unerwarteten und kontraintuitiven Befunden von Stouffer et al. vorgeschlagene Theorie relativer Deprivation folgt dem von Merton aufgezeigten Serendipity-Muster ([1948b] 1968: 157 ff.). [22] Doch diese „Theorie" ist im Grunde nicht viel mehr als ein Konzept, das als ad hoc-Erklärung der Ergebnisse genutzt wird, keine Theorie mittlerer Reichweite ([1950] 1968: 280). An dieser Stelle kommt der nach Merton wesentliche Beitrag der Theorie für die Empirie zur Geltung: die Arbeit der Kodifizierung, die darauf zielt, vorliegende empirische Generalisierungen in auf den ersten Blick unterschiedlichen Handlungssphären zu systematisieren ([1945a] 1968: 155).

Ganz in diesem Sinne unterwirft Merton in seinem ersten, zusammen mit Alice Rossi verfassten Beitrag die relevanten Fälle aus *The American Soldier* einer theoretisch orientierten Re-analyse. Die Leistung der theoretischen Arbeit besteht dann im Einzelnen in (1) der Vergrößerung der kognitiven Reichweite empirischer Befunde; (2) dem Beitrag zur Kumulation von Theorie wie Forschungsergebnissen; (3) der Übersetzung empirischer Aussagen in theoretische Aussagen; und (4) der Untermauerung der empirischen Generalisierungen mit einem logischen Fundament (Ammassari 1998: 47; Merton [1945a] 1968).

Der wesentliche Schritt besteht darin, die Theorie der relativen Deprivation als einen spezifischen Fall einer allgemeineren Theorie der Bezugsgruppe zu erkennen. Bereits in *The American Soldier* geht es nicht nur um relative Deprivation, sondern auch – wie am Beispiel zu erkennen – um relative Zufriedenheit; weitere wichtige generelle Anwendungsbereiche der Theorie der Bezugsgruppen, auf die Merton und Rossi hinweisen, wären etwa Prozesse vertikaler sozialer Mobilität oder die Anpassung und Orientierung von Immigranten an verschiedene Bezugsgruppen. Durch diese Reorientierung von relativer *Deprivation* zu *relativer* Deprivation und der Theorie der Bezugsgruppe steht nicht mehr der konkrete Umstand der Deprivation im Mittelpunkt, sondern es eröffnen sich eine Reihe theoretischer Probleme hinsichtlich der Art und der Konsequenzen der Orientierung an spezifischen Bezugsgruppen.

Zunächst geht es ganz grundsätzlich um die Frage, wer als Bezugsgruppe gewählt wird – offensichtlich oft die eigene Gruppe, wie schon Mead annahm. Doch

---

22 Der Begriff „relative Deprivation" wurde von Stouffer et al. geprägt (Stouffer 1949, I: 50), jedoch ist die Grundidee sicherlich sehr alt und findet sich etwa schon bei Marx ([1849] 1959), Simmel ([1897] 1983) und zumindest angedeutet bei Merton selbst (1938b). Zur Theorie der Bezugsgruppen merken Merton und Rossi selbst an, dass Vorläufer etwa in den Arbeiten von Mead (1934) zum „generalisierten Anderen", wie auch bei Cooley, James und Sumner zu finden sind (Merton/ Rossi 1968: 329 ff.).

was heißt das? Infrage kommen hier schließlich alle möglichen Gruppen und Kategorien, denen ein Individuum zugehört, von Familie, Freunden, Bekannten und Verwandten über Assoziationen und Organisationen bis hin zu sozialen Kategorien wie Status, Klasse oder Geschlecht. Unter welchen Bedingungen fungiert eher die eine als die andere Gruppe als Bezugspunkt? Damit geht es um die Frage nach den Charakteristiken der *Struktur der sozialen Situation,* welche die Bezugsgruppenwahl bestimmen (Merton [1950] 1968: 293).

Verkompliziert wird diese Problematik im Falle multipler Bezugsgruppen, wenn also nicht eine, sondern zwei oder mehrere Gruppen zugleich als Bezugspunkt dienen: Gibt es Verstärkungseffekte? Welche Rolle spielen Konflikte und Widersprüche bei multiplen Bezugsgruppen und multiplen Orientierungen, d. h. zwischen den jeweiligen Gruppen wie den jeweiligen Orientierungen? Diese Problemlage verweist dann auf die Betrachtung der *Dynamiken der Bezugsgruppenwahl* (ebd.: 293).

Generell lässt sich mit Merton und Rossi nun davon ausgehen, dass ein Minimum an wahrgenommener oder auch nur eingebildeter Gemeinsamkeit Voraussetzung ist für die Bezugsgruppenwahl; andere Gemeinsamkeiten wie auch Differenzen bilden dann den Rahmen, in dem sich die resultierenden Einschätzungen und Einstellungen bilden (ebd.: 296 f.). Damit sind zwei wesentliche Folgerungen verbunden: *Erstens* richtet sich die Aufmerksamkeit auf diejenigen Faktoren, die in einer Situation bestimmte Gemeinsamkeiten als relevant erscheinen lassen. Dazu gehören natürlich dauerhafte und intensive sozialen Beziehungen, die Gemeinsamkeiten innerhalb einer Mitgliedsgruppe oder Untergruppe in den Vordergrund rücken. Doch wie Merton und Rossi aufzeigen, bilden sozialstrukturelle Faktoren und insbesondere institutionelle Definitionen der Sozialstruktur einen bedeutenden Faktor, insofern sie Kategorien und Klassifikationen vorgeben, die bestimmte Gemeinsamkeiten in den Fokus rücken und zu für den jeweiligen Kontext charakteristischen Mustern in der Bezugsgruppenwahl führen (ebd.: 297 ff.). Im Fall von *The American Soldier* gehören dazu die Kategorien von Soldaten und Zivilisten und ihre Klassifikationen, die Selektionskriterien wie Beruf und Familienstand etwa, nach denen bestimmt wird, ob jemand zur Armee eingezogen wird.

Zweitens kommen – und hier gehen Merton und Rossi über die klassischen Vorläufer wie Mead oder Cooley hinaus – nicht nur eigene Gruppen als Bezugspunkt infrage, sondern auch Gruppen, denen das Individuum gar nicht angehört, mit denen es sich aber durch eine Gemeinsamkeit verbunden wähnt. Diese Berücksichtigung von Orientierungen an Nichtmitgliedsgruppen stellt eine wichtige

Erweiterung der Bezugsgruppentheorie dar. Von besonderer Bedeutung – etwa im Kontext sozialer Aufwärtsmobilität und Integration bzw. Assimilation von Immigranten – sind Prozesse, in denen Individuen sich an Gruppen orientieren, deren Zugehörigkeit sie anstreben. Sie lässt sich mit Merton und Rossi als *antizipative Sozialisation* verstehen, bei der Nichtmitglieder die Normen und Werte einer Gruppe übernehmen, und zwar aufgrund des Wunsches und der mehr oder auch weniger begründeten Hoffnung, dieser Gruppe einmal tatsächlich anzugehören. Zu erwarten ist dabei, dass sich das Individuum gegenüber seiner eigenen Mitgliedsgruppe isoliert in dem Maße, wie die Normen und Werte der Mitgliedsgruppe und der Bezugsgruppe konfligieren – es ist dann je nach Kontext ein Streber, ein Verräter, jemand, der sich „für etwas besseres hält" usf. Dieser Zusammenhang kann sich aber auch in umgekehrter Form darstellen, als insbesondere Individuen, die in ihrer Mitgliedsgruppe isoliert sind, tendenziell offener für die Orientierung an einer Nichtmitgliedsgruppe sein müssten. Weiterhin ist davon auszugehen, dass antizipative Sozialisation im Falle der tatsächlichen Aufnahme in die Bezugsgruppe sowohl für diese Gruppe wie auch für das Individuum funktional ist, da die wesentlichen Normen und Werte durch das Individuum bereits internalisiert wurden: Es ist zu vermuten, dass es sich in der neuen Gruppe besser zurechtfindet und umgekehrt wird die Integration der Gruppe nicht durch abweichende Normen und Werte des neuen Mitglieds belastet.

Mit den generellen Problemfeldern der Struktur und Dynamik der Bezugsgruppenwahl und Ausführungen zu spezifischen Prozessen wie etwa der antizipativen Sozialisation eröffnen Merton und Rossi anhand der ausgewählten Fallstudien aus *The American Soldier* der Bezugsgruppentheorie eine dezidierte Forschungsagenda. Dabei zeigen sie die breitere soziologische Relevanz der Bezugsgruppentheorie auf und skizzieren für viele der von ihnen aufgeworfenen Fragen und Hypothesen, wie eine daran anschließende empirische Forschung methodisch vorzugehen hätte.

Geht es in diesem Beitrag von Merton und Rossi auf der Basis der Fallstudien noch darum, das junge Feld der Bezugsgruppentheorie für die Soziologie zu eröffnen, so widmet sich Merton in „Continuities in the Theory of Reference Groups and Social Structure" einige Jahre darauf den Entwicklungen in diesem Feld (Merton [1957c] 1968). Angesichts einer zunehmenden Forschungstätigkeit zur Bezugsgruppentheorie geht es ihm nun um die ausführliche konzeptuelle Klärung und Systematisierung der wesentlichen Begriffe und Probleme, angefangen bei den basalen Konzepten – die Bezugsgruppe selbst, das Verhältnis von Gruppe, Mitgliedschaft und Nicht-Mitgliedschaft, das Verhältnis von Gruppe, Kollektiv, soziale Kategorie, die Bedeutung von Individuen als Bezugsgruppen[23] usf. – über die Diskussion von Determinanten der Bezugsgruppenwahl bis hin zu den strukturellen Kontexten. Zur Klassifikation von Gruppentypen arbeitet Merton (ebd. 362 ff.) eine Vielzahl wichtiger Eigenschaften von Gruppen heraus und leistet dabei einen wichtigen Beitrag zur Gruppensoziologie. Und zur Klärung des sozialstrukturellen Kontexts stellt er die Verbindung der Bezugsgruppenthematik zur Rollen-Set-Theorie her.

Als wesentlich für die Entwicklung der Bezugsgruppentheorie lassen sich darüber hinaus zwei Punkte besonders hervorheben, die bereits im früheren Aufsatz mit Rossi erwähnt sind, aber erst hier präzisiert und ausgeführt werden. Der erste bezieht sich auf die Art der Orientierung an Bezugsgruppen. Nimmt man den Fall der Selbsteinschätzung, so kann sich die Orientierung an einer Bezugsgruppe auf den Vergleich von Merkmalen richten, also etwa auf die Frage: bin ich besser oder schlechter gestellt als andere? Sie kann jedoch auch darin bestehen, dass man sich die Normen und Werte der Bezugsgruppe zueigen macht und diese als Maß für die Selbsteinschätzung heranzieht: wie stehe ich da, gemessen an den Standards der Bezugsgruppe? Eine grundlegende Unterscheidung ist also zwischen *komparativen* und *normativen* Bezugsgruppenorientierungen zu treffen (Merton [1950] 1968: 312). Quer dazu ist ferner die Unterscheidung zwischen positiven und negativen Bezugsgruppen zu beachten, die Merton von Newcombe (1950: 227) übernimmt. Denn während häufig mit dem Begriff der Bezugsgruppe eine positive Orientierung unterstellt wird, kann eine normative Bezugsgruppenorientierung auch gerade darin bestehen, dass die Normen und Werte der Bezugsgruppe abgelehnt und konträre Normen übernommen werden (Merton [1957c] 1968: 354 f.).

Der zweite Punkt bezieht sich auf den Hinweis von Merton und Rossi im früheren Aufsatz, dass eine basale Bedingung der Bezugsgruppenorientierung im Wissen über diese Gruppe besteht, denn die Orientierung an einer Gruppe verlangt notwendig das Wissen über deren Situation, bzw. im Fall einer normativen Bezugsgruppe, das Wissen über deren Normen und Werte (Merton [1950] 1968: 301 f.). Merton entwickelt diesen Punkt, der auf die Frage nach den struk-

---

23 Individuen können ganz ebenso wie Gruppen oder soziale Kategorien Bezugsgruppen darstellen, doch wie Merton anmerkt, führen terminologische Entscheidungen mitunter zu unbeabsichtigten Folgen, so dass vom Begriff der Bezugs*gruppe* aus der Einbezug von Bezugsindividuen ausgeschlossen erscheint, obwohl er immer mitgedacht wurde. Personen des öffentlichen Lebens und Celebrities aller Art sind besonders sichtbare Fälle möglicher Bezugsindividuen und Rollenmodelle, soziologisch von besonderem Interesse sind sichtbare soziale Aufsteiger, welche einerseits die Durchlässigkeit der sozialen Strukturen zu personifizieren scheinen und andererseits sich als Erfolgsmodelle anbieten (Merton [1950] 1968: 294 f., [1957c] 1968: 356 ff.; Hyman 1975).

turierten Unterschieden im Grade des Wissens über Normen und Performanz von Gruppen hinausläuft, dann weiter zum Konzept der *Sichtbarkeit* und stellt dessen allgemeine Bedeutung – etwa für soziale Kontrolle, soziale Organisation oder politische Öffentlichkeit – wie die spezifische Bedeutung für die Bezugsgruppentheorie heraus (Merton [1957c] 1968: 390 ff.). Letztere wird etwa für Prozesse antizipativer Sozialisation deutlich, denn eine begründete Annahme wäre, dass gegenüber Nichtmitgliedsgruppen die Sichtbarkeit von Normen und Werten typischerweise höher ist als die Sichtbarkeit tatsächlicher Verhältnisse und Handlungsweisen. Das hieße aber, dass bei antizipativer Sozialisation die positive Orientierung an den Normen der Bezugsgruppe tendenziell einherginge mit einer unbegründeten Idealisierung der Verhältnisse und Situation in dieser Gruppe, denn die vielfältigen kleinen oder auch größeren Abweichung von den sichtbaren Normen und Werten durch Mitglieder der Bezugsgruppe bleiben Außenstehenden nur zu leicht verborgen. Gegenüber der oben ausgeführten Hypothese einer erleichterten Integration in der Zielgruppe aufgrund der antizipativen Sozialisation führen diese Überlegungen dann zu dem Schluss, dass die Aufnahme in die avisierte Bezugsgruppe leicht zu einer übersteigerten Angepasstheit und Starrheit des Verhaltens führt: Der Neuling erscheint als rigider Konformist, während die Etablierten die Regeln des Spiels beherrschen und mit ihnen zu spielen wissen (Merton ebd.: 405 ff.).

Das Beispiel der antizipativen Sozialisation führt nochmals die Dynamik der Theorieentwicklung vor Augen, die Merton vorschwebt: Mittels der Kodifizierung und Klärung der wesentlichen Konzepte und Problematiken entfaltet sich die Bezugsgruppentheorie als eine Theorie mittlerer Reichweite, die auf verschiedenste Bereiche – etwa soziale Mobilität, Migration, soziale Kontrolle, Organisation, politische Öffentlichkeit – angewendet werden kann, deren Beziehungen zu anderen Theorien mittlerer Reichweite schrittweise entwickelt wird und die sowohl theoretisch wie empirisch zu neuen Anstößen, Ideen, Hypothesen und Forschungsfragen führt.

5.4   Wissenschaftssoziologie

Merton gilt als Begründer und Wegbereiter der modernen Wissenschaftssoziologie. Seine Dissertation *Science, Technology and Society in Seventeenth Century England* (Merton 1938a) zählt zu ihren Klassikern. Und ab Mitte der 1950er Jahre legte er eine Reihe von bahnbrechenden Aufsätzen vor, die der noch jungen und wenig etablierten Teildisziplin Kontur und sogar Prominenz weit über die Soziologie hinaus verschaffen sollten. Für Merton war die Wissenschaftssoziologie eine Herzensangelegenheit, zu der er mehr durch Zufall während seines ersten Jahrs als Graduate Student in Harvard fand und der er einen Großteil seines Schaffens, insbesondere auch nach seiner Emeritierung, widmete. Doch abgesehen von persönlichen Vorlieben hatte die Wissenschaftssoziologie für Merton eine Bedeutung, die über den Status einer Teildisziplin deutlich hinaus geht. Denn als Wissenschaft ist die Soziologie selbst Gegenstand der Wissenschaftssoziologie und findet in ihr die Möglichkeit ihrer Selbstreflexion.

Im Zentrum von *Science, Technology and Society* steht die Frage nach den Bestimmungsfaktoren der Entwicklung der modernen Wissenschaft im England des 17. Jahrhunderts (ebd.). Gegenüber der in den 1930er Jahren und auch darüber hinaus noch vorherrschenden wissenschaftshistorischen Auffassung, nach der die wesentlichen Anstöße für den wissenschaftlichen Fortschritt von „großen Männern", einmaligen Genies ausgehen, richtet Merton den Blick auf den gesellschaftlichen Kontext.[24] Gegenüber einseitig materialistischen Auffassungen berücksichtigt er zwar militärische und ökonomische Einflüsse auf die wissenschaftliche Entwicklung, geht darüber jedoch weit hinaus. Und gegenüber der verbreiteten Auffassung, dass Religion und Wissenschaft einen unversöhnlichen Gegensatz darstellen, verfolgt er die von Webers ([1920] 1988b) Protestantismus-These inspirierte Idee, dass die Religion unter Umständen eine wichtige Rolle in der Entwicklung der modernen Wissenschaft gespielt haben mochte. Denn wie sollte man erklären, dass die großen englischen Naturforscher des 17. Jahrhunderts den Wert ihrer wissenschaftlichen Arbeit vor allem auch darin sahen, dass sich in der Natur als dem Werke Gottes die Allwissenheit und Perfektion des Schöpfers aufweisen lasse?[25] Wie konnte es sein, dass sich der große Newton nicht nur dem Studium der Physik, sondern auch dem Studium der biblischen Apokalypse widmete, ganz wie Napier, der Erfinder des Logarithmus, der das Studium der Apokalypse sogar wichtiger nahm als das der Mathematik? (ebd.: 462 ff.).

Merton geht diese Thematik methodisch klar strukturiert an:

Erstens versucht er unter anderem anhand von 6000 Biographien aus dem *Dictionary of National Biography* aufzuzeigen, dass es in England etwa ab Mitte

---

24 Wie Merton anmerkt, erklärt der Verweis auf „Genies" im Grunde gar nichts, denn die Frage bleibt bestehen, warum diese Genies sich ausgerechnet wissenschaftlichen Tätigkeiten widmen und nicht irgendwelchen anderen, vgl. Merton 1938a: 364 f.

25 Merton verweist in diesem Kontext auch auf das schöne Zitat von Schwammerdam aus Webers Wissenschaft als Beruf: „ich bringe Ihnen hier den Nachweis der Vorsehung Gottes in der Anatomie einer Laus" (Merton 1938a: 463; vgl. Weber [1919] 1988a: 597).

des 17. Jahrhunderts tatsächlich ein plötzliches Anwachsen des Interesses an wissenschaftlicher Forschung gegeben hat (ebd.: 367 ff.);

Zweitens betrachtet er die puritanische Lehre, ganz wie Weber, weniger in ihren theologischen Feinheiten als vielmehr in ihren praktischen Implikationen für die Lebensführung der Gläubigen, ihr gelebtes Ethos (ebd.: 414 ff.);

Drittens untersucht er die Bedeutung religiöser Aspekte in den Legitimationen und Motiven für wissenschaftliche Tätigkeit, die zu dieser Zeit noch nicht als Wissenschaft institutionalisiert und damit selbstverständlich war, sondern etwas Ungewöhnliches darstellte, für das sich Akteure zu rechtfertigen hatten (ebd.: 439 ff.);

Viertens testet er die so plausibilisierte Hypothese zur Beziehung zwischen Puritanismus und Wissenschaft anhand eines *experimentum crucis,* der Analyse der Zusammensetzung der Royal Society seit ihren Anfängen 1645 (ebd. 471 ff.);

Fünftens schließlich geht er anhand der Bereiche Bergbau, Transport und Militär eingehend auf die Frage und das Ausmaß externer Einflüsse auf die Entwicklung der Wissenschaft durch die Selektion von Forschungsproblemen ein (ebd.: 496 ff.).

Merton kommt zu dem Schluss, „that the formal organization of values constituted by Puritanism led to the largely unwitting furtherance of modern science" (ebd.: 495). Die im Puritanismus konstituierten und durch ihn verbreiteten Werte – der kaum verbrämte Utilitarismus, die Orientierung auf innerweltliche Interessen, das methodische, nicht nachlassende Handeln, der durchgehende Empirismus, das Recht und sogar die Pflicht freier Prüfung, der Antitraditionalismus – entsprechen den grundlegenden Werten der Wissenschaft, deren Entwicklung so mehr oder weniger unwillentlich gefördert wurde. Diese Wahlverwandtschaft zwischen Puritanismus und Wissenschaft, die Merton auch auf den deutschen Pietismus ausdehnt, bildet den Kern der sogenannten „Merton-These", um die sich die – erst mit einiger Verzögerung voll einsetzende, teils heftig geführte – wissenschaftliche Diskussion in erster Linie drehen sollte. Weniger beachtet wurde der zweite Teil seiner Arbeit zur Rolle externer Einflüsse in der Selektion von Forschungsproblemen. Aufgrund seiner empirischen Studie zu den Forschungsinteressen von Mitgliedern der Royal Society in der zweiten Hälfte des 17. Jahrhunderts schätzt er, dass in etwa 30 % bis 60 % der wissenschaftlichen Forschung auf praktischen Nutzen orientiert waren, wobei die Seefahrt den Großteil ausmachte (ebd.: 562 ff.). Darüber hinaus lassen sich, wie Merton anhand der Problematik der Bestimmung der Longitude bzw. Längengrade darstellt, selbst eine Reihe abstruser Entwicklungen in der reinen Mathematik wie auch Besonderheiten der experimentellen Methoden als logische Konsequenz praktischer Erfordernisse verstehen (ebd.: 526 ff.; Merton 1937b: 142, passim).

In Reaktion auf die „Arisierung" der deutschen Wissenschaft unter dem Nationalsozialismus wandte sich Merton in zwei Aufsätzen der spezifischen Konfiguration der modernen Wissenschaft zu.[26] Im ersten, „Science and the Social Order" (Merton [1938c] 1968), betrachtet er ausgehend vom Beispiel Nazi-Deutschlands Prozesse und Mechanismen, durch die die kulturellen Grundlagen von Wissenschaft unterminiert werden. Der zweite Aufsatz, „A Note on Science and Democracy" (Merton [1942] 1968), führt die hier angelegte theoretische Konzeption systematisch aus und präzisiert sie. Dabei knüpft er in zweierlei Hinsicht an seine frühere Arbeit an: Zum einen betrachtet er die Wissenschaft wiederum in ihrem Verhältnis zur gesellschaftlichen Ordnung, insbesondere zu den kulturellen Bedingungen wissenschaftlicher Betätigung und zur institutionellen und sozialen Struktur (Merton 1938a: 583 ff.); und zum anderen bietet sich ihm hier ein Kontrastfall, denn ging es am Beispiel Englands im 17. Jahrhundert um die Herausbildung kultureller Werte und Normen, die der wissenschaftlichen Betätigung förderlich waren, so geht es nun um den umgekehrten Fall, in dem veränderte kulturelle Werte, politische Strukturen und institutionelle Dynamiken die bereits etablierte Wissenschaft unterminieren.

Wesentlich für Mertons Konzeption der modernen Wissenschaft ist ihr Charakter als institutionalisiertes Tätigkeitsfeld und damit verbunden ihre relative Autonomie sowie ihr spezifisches Ethos. Als Ethos der Wissenschaft bezeichnet Merton den affektiv gefärbten Komplex von Regeln, Vorschriften, Sitten, Glaubenssätzen, Werten und Vorannahmen, die als bindend für Wissenschaftler gelten ([1938c] 1968: 326). Damit ist nicht gemeint, dass sich Wissenschaftler in ihrem Verhalten beständig an die Normen dieses Ethos hielten. Es handelt sich vielmehr um normative *Erwartungen* an das Verhalten von Wissenschaftlern *als Wissenschaftler,* die von ihnen selbst etwa in Einleitungen, Reden oder Lebenserinnerungen beschworen werden, Gegenstand sozialer Kontrolle in der wissenschaftlichen Gemeinschaft sind und sich schließlich auch in den öffentlichen Skandalen etwa angesichts von Plagiaten oder Fälschungen von Forschungsergebnissen äußern.

Nach Merton ist die Wissenschaft durch das institutionalisierte Ziel der Erweiterung des geprüften Wissens charakterisiert. Die dazu eingesetzten technischen Methoden definieren Wissen als empirisch bestätigte und logisch konsistente Aussagen über Regelmäßigkeiten, im Grunde also Vorhersagen (Merton [1942] 1968: 606). Eingebettet sind das Ziel wie die technischen Methoden der Wissen-

---

26   Zur damit verbundenen politischen Positionierung vgl. etwa Mendelsohn 1989; Hollinger 1983; zum Hintergrund vgl. Simonson 2005, 2010b.

schaft in ihr besonderes Ethos, das Merton anhand von vier institutionellen Imperativen umreißt:

- *Universalismus:* Wahrheitsansprüche sollen nur anhand unpersönlicher und im Vorhinein feststehender Kriterien geprüft werden und die wissenschaftliche Laufbahn soll allen offenstehen, die Talent und Fähigkeiten mitbringen;
- *Kommunismus:* Wissen und Erkenntnisse sind Gemeineigentum, kein Privateigentum. „Eigentumsrechte" an einer Erkenntnis lassen sich nur durch ihre Veröffentlichung und damit Preisgabe geltend machen, die durch wissenschaftliche Anerkennung und Prestige, die im Idealfall dem jeweiligen Beitrag zum kollektiven Wissensfundus entsprechen, bestätigt werden;
- *Desinteressiertheit:* Persönliche Interessen haben in der Wissenschaft zurückzustehen, die für Wertfreiheit und eine über den Einzelinteressen stehende Objektivität steht;
- *Organisierter Skeptizismus:* Wissen gilt nur im Maße seiner kritischen Überprüfung und alles, was als wahre Erkenntnis gilt, kann durch neue Erkenntnisse hinfällig werden.

Dieses Ethos macht nach Merton das Spezifische der Wissenschaft aus und verbürgt einerseits ihre relative Autonomie, setzt sie andererseits aber potentiell auch in Konflikt zu anderen gesellschaftlichen Sphären. Uneingeschränkt durchgesetzt sind diese Imperative in der Realität nie; doch wenn durch das spannungsvolle Verhältnis zu anderen Sphären partikularistische Wahrheitskriterien Geltung gewinnen, Erkenntnisse geheim gehalten werden, die Forschung sich von Interessen leiten lässt oder der Skeptizismus einem Dogmatismus Platz macht, verlieren auch die technischen Methoden und das Ziel der Wissenschaft ihre Bedeutung. Es ist dann, wie Merton für die Ende der 1930er Jahre einsetzenden Debatten beobachtet, Sache der wissenschaftlichen Gemeinschaft und der Wissenschaftler selbst, durch Selbstreflexion und Explikation auf die Gefährdung der Wissenschaft zu reagieren und zu versuchen, das Ethos der Wissenschaft zu behaupten (ebd.: 604 f.).

In der Sekundärliteratur zu Merton wird oft darauf hingewiesen, dass er sich nach diesen Arbeiten lange Zeit nicht mehr mit der Wissenschaftssoziologie beschäftigt habe. In einem gewissen, engen Sinne mag das so sein. Doch bei genauerer Betrachtung verändert Merton nur den Bezugspunkt: Statt allgemeiner Wissenschaftssoziologie widmet er sich dem besonderen Fall der Soziologie der Soziologie, wo er die Theorien, Methoden und Erkenntnisse der Soziologie auf die Soziologie selbst als einen „self-exemplifying case" anwendet. Damit schließt er einerseits an die von ihm beobachtete Selbstreflexion von Wissenschaftlern an-

gesichts der Krise der Wissenschaft ab Ende der 1930er Jahre an, sucht aber vor allem, die Bedingungen und Möglichkeiten der angewandten und der theoretischen
Soziologie zu bestimmen. Im Kontext der Arbeit am Bureau of Applied Social
Research geht es dabei vor allem um das Verhältnis der angewandten Sozialforschung zu ihren Auftraggebern und deren Organisation wie zur Gesellschaft insgesamt (Merton 1949c; 1956) wie um Aspekte der selbsterfüllenden Prophezeiung
(Merton [1948c] 1968), die oben in Kapitel 2 behandelt wurden. Im Rahmen seiner professionssoziologischen Studien betrachtet er etwa die Rolle von Intellektuellen und Experten in bürokratischen Organisationen (Merton 1945c). Und nicht
zuletzt zieht er die Wissenschaftsgeschichte und -soziologie in seinen Arbeiten
zur Ausrichtung der soziologischen Theorie heran, etwa wenn es darum geht, zu
erklären, warum die Soziologie so sehr zu Großtheorien aus einem Wurf tendiert,
obwohl sie doch eine so junge Wissenschaft ist (Merton 1968b: 45 ff.).

Als Merton 1957 Präsident der American Sociological Association wurde und
in dieser Funktion die Ansprache auf ihrem jährlichen Kongress hielt, nutzte er
diese Gelegenheit, um auf die immense Bedeutung der immer noch randständi-
gen Wissenschaftssoziologie hinzuweisen, die sich schließlich mit einer der großen und wesentlichen Institutionen der modernen Gesellschaft befasse. In diesem Vortrag, der unter dem Titel „Priorities in Scientific Discovery" veröffentlicht
wurde (Merton 1957e), zeigt Merton ein grundlegendes Funktionsmoment der
Wissenschaft als sozialer Institution auf, nämlich ihren Belohnungsmechanismus,
über den Anerkennung und Prestige denjenigen zukommen, die zur Erweiterung
des Wissens beitragen. Dieses Belohnungssystem wird in den häufigen Prioritätsstreits um die Frage, wer als erster eine bestimmte Erkenntnis formuliert hat, besonders deutlich sichtbar. Während das Ethos der Wissenschaft die konstitutive
Grundstruktur der Wissenschaft umreißt, geht es hier nun um ihr treibendes Moment, den Antrieb, der Wissenschaftler in ihrer Forschungsarbeit motiviert, und
zugleich um die spezifische Währung – oder im Sinne Bourdieus die spezifische
Kapitalform – der Wissenschaft, die nur sie zu vergeben hat und damit ihre Selbst-
ständigkeit gegenüber anderen gesellschaftlichen Sphären ausmacht (vgl. Storer
1973). Prioritätsstreits sind nun nach Merton deshalb so häufig, weil multiple Entdeckungen in der Natur der Wissenschaft als eines gemeinschaftlichen Unterfangens liegen, in dem neue Erkenntnisse nur auf der Grundlage unzähliger Vorar-
beiten von Anderen möglich sind, durch diese Grundlage gewissermaßen „in der
Luft liegen" und immer einen sozialen Charakter haben. Maßgeblich für die wissenschaftliche Anerkennung ist dann, wer für sich reklamieren kann, den entscheidenden Schritt zuerst gemacht zu haben, wobei der Bonus auf Originalität
liegt. Je nach der Größe dieses Erkenntniszugewinns steigt auch der symbolische

Profit bis hin zur Benennung eines Theorems, Gesetzes, Effekts oder einer Konstanten nach ihrem Entdecker. Die Kehrseite dieses Belohnungssystems ist dann die besondere Form von Devianz, die sich in der Wissenschaft findet.

Das sich hier abzeichnende Paradigma der Wissenschaftssoziologie arbeitete Merton in der Folge in einer Reihe von Publikationen und empirisch im Rahmen des *Columbia University Programme in the Sociology of Science* aus. Zu den von Merton bearbeiteten Themen und Problemstellungen gehören etwa die Frage nach der tatsächlichen Funktionsweise der Bewertungsmechanismen – wie etwa dem Peer-Review-System –, die dem Belohnungssystem zugrundeliegen (Merton/Zuckerman 1971); die Rolle von „Genies" angesichts der Häufigkeit multipler Entdeckungen (Merton 1961b); die Intensität des wissenschaftlichen Wettbewerbs (Merton/Lewis 1971); der berühmte und in Kap. 2 bereits dargestellte Matthäus Effekt, dem zufolge im Belohnungssystem der Wissenschaft unverhältnismäßig viel wissenschaftliche Anerkennung denen zuteil wird, die bereits als bedeutend gelten (Merton 1968c, 1988); Alter als einem Strukturaspekt (Merton/Zuckerman 1972); sowie schließlich die spezifische Ambivalenz des Wissenschaftlers zwischen den Normen der Originalität einerseits und der Bescheidenheit andererseits (Merton [1963b] 1976). Diesen beiden Polen der Ambivalenz in der Wissenschaft – und ihrer Ambiguität – hat Merton zwei essayistische Denkmäler gesetzt: der Originalität in der Figur der *Serendipity* (Merton/Barber 2004), und der Bescheidenheit in Gestalt der Newton zugeschriebenen, jedoch weit älteren Redewendung „If I have seen farther, it is by standing on the shoulders of giants" (Merton 1965).

6   Mertons Sozialtheorie und Soziologie in aktuellen Debatten

Geht man von Mertons skeptischem Blick auf den Umgang der Soziologie mit ihren Klassikern aus, so ergibt sich die aktuelle Bedeutung seiner Soziologie weder aus einer immer wiederkehrenden Exegese noch aus einem rein historisierenden Umgang mit seinem längst klassisch zu nennenden Werk. Beides widerspräche schlicht dem Merton'schen Verständnis von Wissenschaft und den Möglichkeiten ihrer Weiterentwicklung. Die Frage muss deshalb vielmehr lauten, inwiefern die Aktualität seiner Soziologie darin zum Ausdruck kommt, dass Elemente seines Werkes in systematischer Weise rezipiert werden, um so zu Erkenntnisfortschritten beitragen zu können. Darüber hinaus lässt sich die Bedeutung Mertons aber auch dort verdeutlichen, wo ein Bezug auf Merton bisher nicht stattgefunden hat, aber über blinde Flecken eines Diskurses hinaushelfen könnte und der Bezug auf ihn deshalb ein Desiderat darstellt; und schließlich wird Mertons Bedeutung auch dort nachvollziehbar, wo der Bezug auf ihn zwar deutlich wird, er selbst aber keine Erwähnung mehr findet – ganz im Sinne des Whitehead'schen Diktums. Alle drei Aspekte einer Aktualität Mertons sollen beispielhaft in theoretischer (6.1, 6.2, 6.3), begrifflich/konzeptioneller (6.4, 6.5) und inhaltlicher (6.6) Hinsicht erläutert werden.

6.1   Sozialtheorie und Theorien mittlerer Reichweite

Der Beitrag Robert Mertons zur Sozialtheorie ist unbestritten (Clark 1990; Blau 1990; Stinchcombe 1975, 1990). Dafür stehen sein struktureller Ansatz, seine Konzeption der „unanticipated consequences of purposive social action" wie auch die Bestimmung des konstitutiven Verhältnisses von soziologischer Theorie und empirischer Forschung.

In unterschiedlichen Varianten haben Sozialtheoretiker wie James Coleman (1990) mit seinem „Makro-Mikro-Mikro-Makro-Modell" oder Anthony Giddens (1988) mit seinem „Schichtungsmodell des Aktors" wie auch mit seiner Konzeptionalisierung von Strukturen als das Handeln von Akteuren beschränkend aber eben auch überhaupt erst ermöglichend, unmittelbar an Mertons sozialtheoreti-

sche Einsichten angeschlossen. Das gilt nicht weniger für die theoretischen Konzeptionen wichtiger Vertreter des Methodologischen Individualismus wie etwa
Raymond Boudon und Jon Elster.

Mit seiner Kritik an Talcott Parsons und der Unterscheidung von „total systems of social theory", „middle-range-theories" und „day-to-day working hypotheses" hat Merton gleichwohl auf unterschiedliche Ebenen soziologischen
theoretischen Arbeitens hingewiesen (vgl. Schmid 2010) und damit den Grund-
stein für eine bis heute andauernde Debatte in der theoretischen Soziologie über
die Möglichkeit einer Kodifizierung ihrer theoretischen Grundlagen gelegt, um
die es ja bereits Merton selbst ging. Allerdings ist ein solcher Zustand bisher nicht
erreicht, und so scheint sich der Soziologie immer wieder die Frage aufzudrängen,
ob sie als wissenschaftliche Disziplin zu einer Kodifikation ihrer theoretischen
Grundannahmen und Positionen in der Lage ist und ob es ihr als reif(er) gewor-
dener Wissenschaft gelingen wird, im Rahmen einer integrativen Sozialtheorie
einen verbindlichen Korpus soziologischen Wissens anzuhäufen. Man mag angesichts dieser Frage Zweifel an der Reife der Soziologie hegen oder aber bezweifeln,
dass eine positive Antwort Ausweis ihrer Reife wäre – ihre Unreife hingegen zeigt
sich spätestens dann, wenn theoretische Ansätze gegeneinander positioniert, als
miteinander unvereinbar bezeichnet werden und alleine das Abstraktionsniveau
die theoretische Überlegenheit einer Theorieart über eine andere zu signalisieren
scheint (vgl. Turner 1991).

Die Gretchenfrage scheint hier also zu lauten: Kann die Soziologie mit einer
„integrativen Sozialtheorie" aufwarten, die den hohen Anspruch erfüllt, über ein
Monopol von Erklärungsangeboten zu verfügen, oder muss sie sich mit „piece-
meal engineering" (Popper) in Gestalt eines Werkzeugkastens von Theorien mittlerer Reichweite begnügen? Diese immer wieder zu beobachtende Konfrontation
speist sich aus einem seltsamen Verständnis der Güte unterschiedlicher Theorie-
arten. Während der Sozialtheorie der theoretische Olymp zugewiesen wird, scheinen Theorien mittlerer Reichweite lediglich das Handwerkszeug zur Kärrnerar-
beit zwischen Theorie und Empirie an die Hand zu geben (vgl. Mackert 2005).

Ein Grund für die Debatte ist sicherlich die nie ganz geklärte Idee, die hinter
dem Begriff der Theorien mittlerer Reichweite steckt, und so hat Mertons Idee
zwar von Beginn an Interesse geweckt, zugleich aber auch Irritationen ausgelöst.
Bereits Paul Lazarsfeld, langjähriger Freund und Kollege Robert K. Mertons am
Bureau of Applied Social Research an der Columbia University, bemerkte früh zu
dessen Konzept der Theorien mittlerer Reichweite: „[It's] an important notion but
I don't know how to define it" (zit. nach Boudon 1991: 519). Boudon selbst scheint
mit Mertons Konzeption genau das zu verbinden, was der Soziologie zu mehr

Wissenschaftlichkeit verhelfen kann – er begreift sie als das, was in anderen Disziplinen schlicht Theorie genannt wird (ebd.).

Bei aller Anregung, die Merton mit dem Konzept der Theorien mittlerer Reichweite der soziologischen Theorie gegeben hat, sind im aktuellen Diskurs aufgrund der bleibenden Unbestimmtheit des Konzeptes allerdings sehr unterschiedliche Interpretationen über den Status dieses Theorietypus prominent.

Turner (1991) bleibt prinzipiell skeptisch hinsichtlich des Theoriestatus der Theorien mittlerer Reichweite und unterscheidet zwei unterschiedliche Auffassungen: Zum einen versteht er darunter schlicht empirische Verallgemeinerungen, die, wie Merton selbst deutlich gemacht hat, aber nicht als theoretischer Ansatz begriffen werden können. Zum anderen schreibt Turner der Merton'schen Konzeption der Theorien mittlerer Reichweite dann aber deutlich mehr theoretisches Potenzial zu: „Middle-range theories try to explain a whole class of phenomena – for example, delinquency, revolutions, ethnic antagonism, and urbanization. They are, therefore, broader in scope than empirical generalizations and causal models, but the very goal of middle-range theory is to limit scope by trying to explain only one class of events" (Turner 1991: 22). Turner lässt hier allerdings außer Acht, dass die Stärke von Theorien mittlerer Reichweite gerade darin besteht, dass sie auf Ausschnitte der Realität gerichtet ist; seine Skepsis gründet jedoch auf einem Missverständnis ihrer Logik. Merton hatte deutlich gemacht, dass der Charakter bspw. einer Theorie mittlerer Reichweite sozialen Konflikts darin zum Ausdruck komme, dass deren allgemeiner Rahmen auf alle möglichen Erscheinungsformen von Konflikt anwendbar ist (Merton 1968b: 68). In diesem Sinne handelt es sich bei Mertons Theorien mittlerer Reichweite also durchaus um einen theoriefähigen Ansatz mit einer spezifischen Erklärungslogik, denn es geht bei ihnen um die Erklärung sozialer Prozesse und ganzer Klassen von Phänomenen; das gemeinsame Erklärungsprogramm ist dabei auf die unterschiedenen theoretischen Ebenen gerichtet.

Turner hat über diese Auseinandersetzung mit dem Status der Theorien mittlerer Reichweite zugleich angemerkt, dass Mertons Plädoyer ein Hinweis darauf sein könnte, dass sie eine hilfreiche Strategie zur Überwindung des sozialtheoretischen Dualismus von Mikro und Makro darstellen könnten, insofern sie auf spezifische Gegenstandsbereiche gerichtet sind. Allerdings sieht Turner in der Anwendung Merton'scher Ideen in der empirischen Forschung hier auch dysfunktionale Effekte: zum einen habe die Idee der Theorien mittlerer Reichweite zu einer Zersplitterung der theoretischen Soziologie beigetragen, da man heute durchaus zwischen „theorists' theory and researchers' theory" (Turner 1991: 629) unterscheiden könne und damit das geschieht, wovor Merton selbst gewarnt hatte, nämlich ein Auseinanderfallen soziologischer Arbeitsweisen; zum anderen habe Mertons Idee zu einer kaum noch überschaubaren Anzahl an gegenstandsbezogenen Theorien geführt, die eher theoretisch aussehen als dass sie sich mit allgemeinen und grundlegenden theoretischen Problemen auseinandersetzen, was zu einem wenig fundierten Theorietypus geführt habe.

Was man heute unter einer Theorie mittlerer Reichweite verstehen könne, diese Frage hat Esser (2002) aufgeworfen und dabei ebenfalls Vorbehalte gegenüber Mertons Konzeptualisierung angebracht. „Mehr als fünfzig Jahre später stellt sich die Frage nach der facheinheitlichen soziologischen Theorie, dem Verhältnis zur konkreten empirischen Forschung und der Positionierung der Soziologie gegenüber ihren Konkurrenzwissenschaften immer noch oder sogar eher stärker als damals" (ebd.: 130). Esser ist äußerst skeptisch im Hinblick auf viele Merton'sche Annahmen, wie vor allem jener, dass sich von den Theorien mittlerer Reichweite aus eine allgemeine soziologische Theorie entwickeln ließe. Eine solche Theorie gebe es nicht, es sei auch weder erkennbar, dass sie entstünde (vgl. Camic/ Gross 1998), noch sei sie überhaupt erforderlich. Als Alternative, die mit Mertons Konzept in Teilen vereinbar erscheint, setzt Esser selbst auf die Entwicklung von Strukturmodellen und Strukturtheorien (Esser 2002: 142 ff.).

Noch skeptischer, zumindest, was den Theoriestatus der Theorien mittlerer Reichweite betrifft, argumentiert Schmid (2010). Aus einer dezidiert wissenschaftstheoretischen und wissenschaftsphilosophischen Perspektive geht er davon aus, dass das Konzept der Theorien mittlerer Reichweite seine Aktualität eingebüßt habe. Er weist Mertons Konzept deshalb aus mindestens zwei Gründen zurück: Zum einen betont er im Gegensatz etwa zu Bunge (1998), der sich positiv auf Mertons Formulierung bezieht, bei Theorien mittlerer Reichweite handle es sich um Modelle mittlerer Reichweite: man habe es deshalb eben mit Modellen und nicht mehr mit Theorie zu tun, weshalb der Theoriestatus der Theorien mittlerer Reichweite zurückzunehmen sei; zum anderen geht Schmid davon aus, dass ein mikrofundiertes Forschungsprogramm inzwischen auch insofern dazu in der Lage sei, das von Merton zu seiner Zeit zurecht beklagte Dilemma von allgemeiner Theorie einerseits, theoriefreier Empirie andererseits, zu überwinden, als es empirienahe Forschung erlaube und letztlich alle empirische Forschung auf der Grundlage einer Handlungstheorie erfolgen müsse, die ein solches individualistisches Forschungsprogramm bereitstelle (vgl. Schmid 2010: 397).

Man muss Mertons Programm der Theorien mittlerer Reichweite gleichwohl nicht völlig entsorgen; ebenfalls aus der Perspektive einer individualistischen Soziologie haben Hedström/Udehn (2009) eine Interpretation dessen angeboten, was es mit den Theorien mittlerer Reichweite auf sich haben könnte. Auch hier zeigt sich, wie wichtig Merton für aktuelle Theorieentwicklungen ist, behaupten sie doch, bei der Entwicklung des Programms der Analytischen Soziologie auf den Schultern von Merton zu stehen. Unklar bleibt dann allerdings, weshalb Hedström und Udehn sich nicht auf die von Merton selbst skizzierten Theorien mittlerer Reichweite beziehen, sondern auf das, was dieser selbst als „terms and concepts" bezeichnet hat, nun als Theorien mittlerer Reichweite verstanden wissen wollen.

6.2 Erklärende Soziologie und soziale Mechanismen

Eng mit den soeben diskutierten Fragen über den Status der Theorien mittlerer Reichweite hängt jene zusammen, ob und inwiefern die Soziologie eine erklärende Wissenschaft ist. In wissenschaftshistorischer wie wissenschaftstheoretischer Perspektive verweist diese Frage auf die Form wissenschaftlicher Erklärungen im Sinne des Hempel-Oppenheim Schemas. Wissenschaftliche Erklärung ist in dieser Tradition nur möglich durch die Formulierung allgemeiner Gesetze, den sogenannten „covering laws", unter die dann Aussagen zu spezifischen Sachverhalten subsumiert werden können (Hempel 1942, 1977; Hempel/Oppenheim 1948). Diese den Naturwissenschaften entliehene Form wissenschaftlicher Erklärung galt über lange Zeit auch für die Sozialwissenschaften als verbindlich. Nicht zuletzt die Soziologie orientierte sich lange Zeit am Ideal der Naturwissenschaften und erachtete ihre Form der Erklärung als einzige Möglichkeit auf dem Weg zu einer „reifen" Wissenschaft. Formen subsumierender Erklärung kennen wir in der Soziologie etwa bei Talcott Parsons, der Erklärung als Subsumtion einzelner Fakten unter das Begriffssystem seines strukturfunktionalistischen Ansatzes begriff. Aber auch die marxistische Soziologie hat mit den „Bewegungsgesetzen" des Kapitalismus oder der bürgerlichen Gesellschaft die Idee sozialer Gesetze vertreten. Mit dem vorläufigen Ende dieser beiden dominanten Theorietraditionen in den 1970er und 1980er Jahren zeigte sich dann eine Umorientierung in der Soziologie.

Zu Beginn der 1990er Jahre ließ sich im Hinblick auf das Selbstverständnis der Soziologie als Wissenschaft feststellen, dass erneut Versuche unternommen wurden, die Soziologie als erklärende Wissenschaft zu bestimmen.[27] Dieses Unternehmen vollzog sich allerdings im Spannungsfeld alternativer Strategien und Bemühungen. Einerseits wurde behauptet, dass angesichts neuer technologischer

---

27 Vgl. zur Grundlegung einer erklärenden Soziologie und zur Rolle sozialer Mechanismen in soziologischen Erklärungen insbesondere Schmid 2005, 2006.

Möglichkeiten und einer immer weiter vorangetriebenen Verfeinerung statistischer Methoden sowohl Aussagekraft wie auch Erklärungsgehalt statistischer Operationen steige. Erneut wurde daraus geschlossen, dass statistische Korrelationen oder Kovariationen alleine schon Erklärungen liefern könnten. Andererseits wurde Bestrebungen, die Soziologie als erklärende Wissenschaft zu begreifen, ein quasi naturwissenschaftliches Verständnis der Disziplin unterstellt und deshalb dafür plädiert, dem Diskurs über soziale Phänomene Priorität über deren Erklärung einzuräumen. Jeffrey Alexander (1988: 78) hat diese Position nachdrücklich vertreten: „In order to defend the project of general theory, it must be accepted that sociological arguments need not have an immediate explanatory payoff to be scientifically significant. Whether or not social scientists can accept this statement depends, first, on whether or not they regard their discipline as a nascent form of natural science and, second, on just what they conceive natural science to be. Those who oppose generalized arguments not only identify sociology with natural science but view the latter as an anti-philosophical, observational, propositional, and purely explanatory activity."

Weder der Verweis auf eine angebliche Erklärungskraft statistischer Korrelationen noch die Betonung des Diskurses als Königsweg der Disziplin konnten jedoch verhindern, dass in der Soziologie zunehmend eine andere erklärende Perspektive eingefordert wurde. Im Zuge dieser Forderungen wurde jedoch rasch deutlich, dass mit einem allgemein geteilten Verständnis davon, was unter einer adäquaten soziologischen Erklärung zu verstehen sei, nicht zu rechnen war. So argumentierte Therborn (1991: 177) nachdrücklich für einen erklärenden Ansatz, sah als größte Hindernisse auf dem Weg dorthin allerdings zum einen, dass die soziologische Theorie sich zu wenig auf Rational Choice als allgemeine und verbindliche Theorie für die Soziologie konzentriere; zum anderen beklagte er ein Übergewicht konzeptioneller, und seiner Ansicht nach daher nicht erklärender Ansätze in der Soziologie. Therborn verwies dazu insbesondere auf die Arbeiten von Giddens (1984, 1988), Archer (1988) und Turner (1987), denen er pauschal die Fähigkeit absprach, zu genuin soziologischen Erklärungen gelangen zu können. Im Gegensatz dazu stellte Ekström (1992) allerdings gerade mit Blick auf die von Therborn kritisierten Giddens und Turner fest, dass das Ziel ihrer Arbeiten eben gerade sei, soziales Handeln, soziale Organisation oder sozialen Wandel zu erklären. Nimmt man ferner Giddens' (1988: 404) Aussage, „daß alle abstrakten Verallgemeinerungen in den Sozialwissenschaften explizit oder implizit kausale Urteile sind", sowie Turners (1987) Behauptung, dass sich die soziologische Theoriebildung auf Kausalität im Hinblick auf abstrakte Prozesse und wirksame Mechanismen konzentrieren müsse, zur Kenntnis, so wird zunächst deutlich, dass der Weg der Soziologie zu einer erklärenden Wissenschaft von einer Pluralität theoretischer Ansätze und einer damit einhergehenden methodologischen Uneinheitlichkeit geprägt war und ist.

Seit dem Ende der 1990er Jahre haben sich schließlich unterschiedliche Positionen herausgebildet, die trotz aller Differenzen in zwei Punkten übereinstimmen: Zum einen distanzieren sie sich alle von Versuchen, soziale Gesetze entdecken zu können und setzen als Kernmomente der jeweiligen Erklärungsansätze auf sogenannte soziale Mechanismen; zum anderen wird in allen diesen Ansätzen deutlich, dass diese Entwicklung hin zu einer neuen erklärenden Soziologie ohne Merton nicht möglich und denkbar gewesen wäre. Merton kann mit seinem strukturellen Erklärungsprogramm und der Bestimmung sozialer Mechanismen als deren „building blocks" deshalb als Mentor dieser aktuellen Entwicklung in der soziologischen Theorie gelten. Gleich ob man die Ansätze von Mario Bunge (1997, 1998, 2004), Charles Tilly (2004) oder den unterschiedlichen Vertretern des Paradigmas des Methodologischen Individualismus, wie Jon Elster (1991, 1998, 1999) und Raymond Boudon (1996, 1997, 1998) betrachtet, sie gehen von seiner Idee der Theorien mittlerer Reichweite und den sozialen Mechanismen als Bausteinen soziologischer Erklärung aus. In der von Peter Hedström und Richard Swedberg (1998) begründeten Theorieströmung einer „Analytischen Soziologie" wird dieses Erbe am deutlichsten. Und hier zeigt sich auch, wie bedeutend und überzeugend das Merton'sche Erbe ist. Stand Hedströms und Swedbergs Ansatz zunächst noch ganz in der Coleman'schen Tradition von Rational Choice (Coleman 1990), so hat sich Hedström (2005) in seinen jüngeren Arbeiten mit dem Handlungskonzept seiner DBO-Theorie *(Desires, Beliefs, Opportunities)* so nah an das Merton'sche Original angenähert, dass es davon kaum noch zu unterscheiden ist.[28]

Wie unterschiedlich der Umgang mit Merton in den unterschiedlichen Zugängen und Ansätzen auch sein mag, festzuhalten ist, dass er für die auf der Identifikation sozialer Mechanismen gründende erklärende Soziologie unverzichtbar ist und als ihr Ahnherr gelten kann.

---

28 Umso problematischer und immer weniger überzeugend erscheinen daher die Begründungsstrategien Hedströms (2005), mit denen er sich von Merton zu distanzieren versucht; vgl. Mackert 2010a.

6.3   Strukturen sozialer Ungleichheit

Robert Merton war kein ausgewiesener Ungleichheitsforscher. Allerdings lässt sich zeigen, wie bedeutend seine theoretische Konzeption einer strukturellen Soziologie für die Ungleichheitsforschung hätte sein können, *hätte* man sie in den vergangenen Jahrzehnten überhaupt als strukturtheoretische Grundlage der empirischen Forschung in Betracht gezogen. Im Zuge der breiten Diskussion der Beck'schen Individualisierungs- und Pluralisierungsthese (Beck 1983) haben sich große Teile der Ungleichheitsforschung, zumal in der deutschen Soziologie, immer weiter von der Vorstellung einer strukturierten sozialen Ungleichheit entfernt – eine problematische Entwicklung, die erst in jüngster Zeit mit der Exklusionsdebatte (Kronauer 1999), der Einführung von Zentrum-Peripherie Modellen (Kreckel 2004) oder auch im Zuge ganz neuer Ansätze etwa zur Analyse „dauerhafter Ungleichheit" (Tilly 1998) langsam revidiert wird.

Angesichts der Auswirkungen der globalen ökonomischen Krise, der in den OECD-Staaten immer asymmetrischer werdenden Verteilung der Vermögen und der anhaltenden und sich beschleunigenden Umverteilung nach oben sowie der sich immer weiter auseinanderentwickelnden Schere bei den Einkommen in westlichen Gesellschaften findet die Ungleichheitsforschung offensichtlich zurück zur Einsicht, dass soziale Ungleichheiten strukturell begründet sind und sie sich deshalb mit strukturtheoretischen Überlegungen und Ansätzen auseinandersetzen muss.

Klaus Eder hat noch 2001 mit Blick auf die Strukturvergessenheit der Ungleichheitsforschung darauf hingewiesen, dass all diesen Analysen, die sich auf das Repräsentierende (Kultur, Lebensstile und kulturelle Praxen) konzentrierten, ein strukturtheoretisches Programm fehle, das in der Lage sei, das Repräsentierte (soziale Strukturen) angemessen zu berücksichtigen. Die Sozialtheorie bietet jenseits klassischer strukturalistischer Theorien inzwischen unterschiedliche und weiterführende Varianten eines solchen strukturtheoretischen Ansatzes: Bourdieus Konzeption gesellschaftlicher Strukturen (Bourdieu 1983) sowie des Zusammenhangs von Struktur – Habitus – Praxis (Bourdieu 1982), Giddens' Konzeption einer soziopolitischen Ungleichheitstheorie (Giddens 1988) oder Eders (2001) eigener, im Anschluss an Habermas entwickelter Vorschlag einer kommunikationstheoretischen Rückbindung der ungleichheitssoziologisch weitgehend irrelevant gewordenen Betrachtung kultureller Lebensstile oder milieuspezifischer Konsummuster an die strukturellen Grundlagen der modernen Gesellschaft, die der unterschiedlichen Ausprägung dieser Phänomene zugrunde liegen.

Eders Forderung eines strukturtheoretischen Ansatzes, der der kulturalistischen Beliebigkeit der soziologischen Ungleichheitsforschung ein Verständnis der Strukturiertheit sozialer Ungleichheit entgegensetzen wollte, hat nicht nur in begrifflicher Hinsicht Nähen zu Robert Mertons strukturellem Programm, denn auch in seinem strukturellen Erklärungsprogramm bleibt die Positionierung des Individuums in der Sozialstruktur, die ihm dann spezifische Opportunitäten eröffnet oder eben verschließt, der unhintergehbare Bezugspunkt einer soziologischen Erklärung.

Mertons Ansatz könnte deshalb für die Ungleichheitsforschung, so sie sich wieder stärker auf die Suche nach theoretischen Modellen macht, die zur Erklärung einer sozialstrukturell begründeten sozialen Ungleichheit beitragen können, künftig von Interesse sein. Für die Ungleichheitsforschung relevant wird hier Mertons Analyse des Zusammenspiels von Opportunitätsstrukturen und Lebenschancen (vgl. Kapitel 4.3). Im Zentrum der Analyse sozialer Ungleichheit stünde dann die Frage, welche Wahlen soziale Akteure angesichts ihrer Positionierung treffen können, wie die mit ihrer Positionierung einhergehende Opportunitätsstruktur diese Wahlmöglichkeiten beschränkt und was daraus für die individuellen *Lebenschancen* der Individuen resultiert. Mertons Konzept macht deutlich, dass die Positionierung der Individuen in der Sozialstruktur ihren Zugang zur Opportunitätsstruktur nicht vollständig determiniert – so ja ein klassischer Vorwurf an strukturalistische Konzeptionen –, die Handlungsoptionen der Akteure aber maßgeblich beeinflusst. Nichts anderes würde etwa Bourdieu im Hinblick auf die Ausstattung der Individuen mit unterschiedlichen Kapitalien und ihrer entsprechenden Verankerung in der Sozialstruktur argumentieren. Für ein Verständnis strukturierter sozialer Ungleichheit läge hier deshalb ein interessanter Ansatzpunkt: Ungleiche Lebensbedingungen in modernen Gesellschaften verweisen auf die unterschiedlichen Handlungsspielräume der Akteure, die Merton mit dem Begriff der Opportunitätsstruktur belegt, während er mit dem Konzept der Lebenschancen den Handlungsaspekt hervorhebt, der dann im Sinne eines strukturierten und damit differentiellen Zugangs zu den so gegebenen Handlungsoptionen konzipiert werden muss.

6.4 Matthäus-Effekt: Das System der Wissenschaft

An Mertons Matthäus-Effekt wird in der Soziologie und vielen benachbarten Disziplinen auf verschiedenste – nicht immer getreue – Weise angeschlossen, oft auch ohne, dass Merton noch namentlich genannt würde (vgl. Zuckerman 1998, 2010).

Eine besondere Rolle spielt er in der jüngsten Diskussion um die Entwicklung und Reform von Hochschulen und akademischer Forschung. Hintergrund dieser Debatte sind die Veränderungen der deutschen und internationalen Hochschullandschaft, im Einzelnen etwa durch die zunehmende Verbreitung von Lehr- und Forschungsevaluationen, den enormen Stellenwert der Drittmittelausstattung, die Bologna-Reformen oder die deutsche Exzellenzinitiative, sowie in der Gesamtschau die Verbreitung von Governancemodellen des New Public Management und die Forcierung des globalen Wettbewerbs in Bildung und Forschung.

Ein wesentlicher Zug dieser Entwicklungen ist, dass Forschungsleistungen anhand von zentral organisierten Evaluationen und verallgemeinerbaren Beurteilungskriterien bewertet werden und diese Bewertungen direkt wie indirekt eingehen in die Allokation von Ressourcen, Stellen, Personen und Prestige, die wiederum entscheidende Marktmacht im Wettbewerb um private und staatliche Mittel darstellen. Der Zweck von Evaluationen wird vordergründig und explizit darin gesehen, die Qualität von Forschung und Lehre zu sichern, meritokratische Verteilungsprinzipien durchzusetzen und für Transparenz zu sorgen. Dabei soll der Forschungs- und Bildungsstandort Deutschland im globalen Wettbewerb durch die Förderung von „Exzellenz" und „Elite" gestärkt werden. Praktisch geschieht das dann anhand von Kennziffern – zu Zahl, Ort und Impact Factor von Publikationen, zum Umfang der Drittmitteleinwerbung, zur Zahl von Patenten etc. – und Peer-Review-Verfahren mit förmlich organisierter Begutachtung durch Fachwissenschaftler, was dann summarischen Ausdruck in einem Ranking findet.

In den letzten Jahren sind diese Verfahrensweisen zunehmend in die Kritik geraten. Im Juni 2012 hat die Deutsche Gesellschaft für Soziologie in einer Stellungnahme zum CHE-Hochschulranking des Centrums für Hochschulentwicklung, das beispielsweise im Studienführer der Zeitschrift Die ZEIT veröffentlicht wird, grundlegende Kritik an dessen Methode und Implikationen geübt und die soziologischen Institute an deutschen Hochschulen dazu aufgefordert, „nicht länger durch ihre Teilnahme an diesem Ranking den Eindruck zu erwecken, dass sie ein empirisches Vorgehen unterstützt, das die Soziologie aus fachlichen Gründen ablehnen muss."[29] Die Crux sind jedoch weniger die methodischen und erhebungstechnischen Mängel, sondern vielmehr noch die wachsende Bedeutung wissenschaftsexterner Evaluationskriterien und die Implikationen dieses Vorgehens.

---

29   „Wissenschaftliche Evaluation ja – CHE-Ranking nein. Methodische Probleme und politische Implikationen des CHE-Hochschulrankings", Stellungnahme der Deutschen Gesellschaft für Soziologie (DGS), Juni 2012, http://www.soziologie.de/uploads/media/Stellungnahme_DGS_zum_CHE-Ranking_Langfassung.pdf, Abruf August 2012.

Der Anschluss an die Wissenschaftssoziologie Mertons und insbesondere den Matthäus-Effekt ist insofern naheliegend, als öffentliche Evaluationen und Rankings für sich genommen Formen der Reputation darstellen und somit das von Merton identifizierte Belohnungssystem der Wissenschaft betreffen, während dann die Rolle des Matthäus-Effekts darin besteht, dass ohnehin bedeutende, prominente und sichtbare Wissenschaftler ein Übermaß an Reputation und damit verbundenen Ressourcen erhalten. Auf institutioneller Ebene ist damit, wie schon Merton in seinem klassischen Aufsatz mit Bezug auf US-amerikanische Spitzenuniversitäten feststellte, ein Konzentrationsprozess von Prestige, Ressourcen und Personen an wenigen Spitzenstandorten verbunden (Merton 1968c, 1988).

Wie fruchtbar das Konzept des Matthaus-Effekts fur die soziologische Analyse der Veränderungen der Hochschullandschaft ist, zeigen die Arbeiten von Richard Münch, der die Merton'sche Perspektive radikalisiert (Münch 2007, 2008, 2010, 2011). Zwar hatte auch Merton schon von der „Klassenstruktur" der Wissenschaft gesprochen (Merton 1988). Doch machen seine Arbeiten zugleich deutlich, dass die spezifische Form des Belohnungssystems in der Wissenschaft, das über innerwissenschaftliche Anerkennung läuft, einen kommunistischen Geist hat (Merton [1942] 1968, 1957e, 1988): Voraussetzung für Anerkennung ist die Preisgabe der Erkenntnis durch die Veröffentlichung. Die eigentlich wertvolle Form der Anerkennung besteht nicht in weltlichen Preisen, sondern in der Würdigung durch Zitat seitens anerkannter Forscher im Feld. Das Zitat ist dabei zugleich die Form, durch die der gemeinschaftliche Charakter des wissenschaftlichen Unterfangens gewürdigt wird, denn keine neue Erkenntnis ist möglich ohne das Werk unzähliger Anderer. Damit leisten auch unbekannte Wissenschaftler einen unverzichtbaren Teil zum Gesamtwerk der Wissenschaft. Evaluationen und Kennzahlen aber, so Münch (2008), brechen mit dieser Logik. Sie „messen" nicht einfach vorhandene Leistungsunterschiede zwischen Fachbereichen, sondern „konstruieren" diese erst. Evaluationsverfahren, Rankings und Wettbewerbe wie die deutsche Exzellenzinitiative sind darauf angelegt, Leistungsvielfalt in objektivierte Leistungsunterschiede zu übersetzen, und ziehen in die Universitätslandschaft flächendeckend eine Statushierarchie zwischen Eliten, Mittelfeld und Absteigern ein. In der Konstruktion dieser Statushierarchie kommen verschiedene Mechanismen zum Tragen wie *Sichtbarkeit* – etwa der Effekt charismatischer Wissenschaftler in großen Fachbereichen –, *Komplexitätsreduktion* – die Notwendigkeit, die Ergebnisse der Evaluation in klaren Zahlen, Urteilen oder Schulnoten darzustellen – und *Konsekration* – die Legitimation von Urteilen durch Verweis auf symbolische Autoritäten wie die großen amerikanischen Fachzeitschriften mit hohem Impact

Factor. Der Matthäus-Effekt und Schließungsmechanismen übertragen ältere Statusdifferenzen in das neue System und reproduzieren die entstehende Statushierarchie (Münch 2008: 71 ff., 2010: 358 ff.).

In einer Welt des „akademischen Kapitalismus" (Münch 2011), in der sich Länder in einem wissenschaftlichen Standortwettbewerb wähnen und unternehmerische Universitäten um öffentliche und private Finanzierung wie die Positionierung in offiziellen Rankings konkurrieren, wird wissenschaftliche Reputation marktgängig: Akademisches Kapital und ökonomisches Kapital lassen sich wechselseitig konvertieren und die Strategien der maßgeblichen Akteure setzen auf ihre Marktmacht und Monopolbildung. Ein entscheidendes Mittel dabei ist, so Münch, die Anwerbung von Wissenschaftlern, die nach den in Rankings maßgeblichen Werten wie etwa der Publikation in den bedeutendsten Fachzeitschriften als führend gelten können. Das wiederum lässt die Preise für die ausgewählten wenigen Wissenschaftler steigen, die dieses seltene Statusgut erworben haben, sodass es mit der Zeit zu einer Angleichung zwischen der Journal-Impact-Rangliste und der Geldrangliste der Universitäten kommt (Münch 2010: 347). Diese Kopplung von symbolischem und materiellem Kapital gibt den führenden Universitäten letztlich eine „Monopolstellung in der Bestimmung der Qualität wissenschaftlicher Leistungen" (ebd.: 351).

Tendenzen zur Konzentration im Wissenschaftsbereich um wenige Spitzenuniversitäten und Fachbereiche sind nun nicht neu und wurden, wie oben vermerkt, auch schon von Merton beschrieben. Dabei machte er jedoch auch eine Reihe von Gegenkräften aus, die diese Konzentration bremsen und Auf- wie Abstiegschancen bieten. Der Matthäus-Effekt sorgt beispielsweise selbst dafür, dass die Aufmerksamkeit an den Spitzenuniversitäten ganz auf die etablierten Wissenschaftler gerichtet ist, wobei dann wachsendes Epigonentum zu einer allmählichen Erstarrung führen kann. Umgekehrt kann eine Universität jenseits der Spitze jungen Talenten viel Freiraum bieten und als Avantgarde mit etwas Glück und Geschick die Spitzenuniversitäten herausfordern. Und schließlich sorgt das Ethos der Wissenschaft – *Universalismus, Kommunismus, Desinteressiertheit* und *organisierter Skeptizismus* – dafür, dass die Auswirkungen des Matthäus-Effekts eingedämmt werden (Merton 1968c). Doch diese von Merton hervorgehobenen Gegenkräfte sind nach Münch (2010: 361) empfindlich geschwächt. Mit der Zunahme der Ungleichheit und der wachsenden Oligarchiebildung im Wissenschaftssystem verringern sich zugleich die Chancen, jenseits der Spitzenuniversitäten und High Impact Journals zu forschen und dafür Anerkennung zu erhalten. Und durch die wachsende Bedeutung außerwissenschaftlicher Instanzen, formal-quantitativer Qualitätskriterien, legitimierter Konsekrationsinstanzen wie den High Impact Journals und einer durchgehenden Statushierarchie verliert zugleich das eigene Belohnungssystem und das Ethos der Wissenschaft an Geltung.

Wie diese kurze Synopse zeigt, ist der Matthäus-Effekt ein theoretisches Schlüsselkonzept, mit dem sich die Funktionsweise und Konsequenzen zentraler Evaluationsverfahren, vorgeblich objektiver bzw. objektivierender und quantifizierender Kennzahlen und publikumswirksam veröffentlichter Ranglisten wie auch insgesamt die Entwicklungstendenzen im Wissenschaftssystem der nüchternen soziologischen Analyse unterziehen lassen. Merton hatte eine positive Funktion des Matthäus-Effekts darin gesehen, dass er angesichts eine unüberschaubaren Flut von Publikationen die Aufmerksamkeit auf neue und bahnbrechende Ideen zu richten vermag. Doch wenn die Analyse von Münch stimmt und symbolisches und ökonomisches Kapital im Wissenschaftssystem heute nur noch zirkulär akkumuliert werden, dann sorgt der Matthäus-Effekt dafür, dass die Aufmerksamkeit von den Spitzenuniversitäten monopolisiert wird – auf Kosten wissenschaftlicher Originalität.

6.5   „Terms and Concepts"

Die Vielzahl soziologischer Begriffe und Konzepte, die Robert Merton entwickelt hat, sind mit Sicherheit eines seiner großen Verdienste. Er hat damit maßgeblich zur Sensibilisierung für die Bedeutung beigetragen, die einer genauen Begriffsbildung in der Soziologie wie in jeder Wissenschaft zukommt. Viele von Mertons Begriffen und Konzepten haben sowohl in der Wissenschaft – über die disziplinären Grenze der Soziologie hinaus – als auch im Alltagsleben Verbreitung gefunden. Dieser Prozess der Diffusion in andere wissenschaftliche Disziplinen wie auch in das Alltagsverständnis sozialer Akteure ist alleine schon bemerkenswert; allerdings lässt sich feststellen, dass diese beiden Diffusionsprozesse nicht selten den Effekt haben, dass Merton als derjenige, der die entsprechenden Begriffe und Konzepte entwickelt hat, keine Erwähnung mehr findet und so gewissermaßen vergessen wird (vgl. Schimank 1996). Auch diesen letztgenannten Effekt hat Merton mit der Formulierung „obliteration by incorporation" auf den Begriff gebracht – ganz im Sinne seines Verständnisses vom Fortschritt der Soziologie zu einer reifen Wissenschaft, die sich dann nicht immer wieder auf große Namen berufen muss, sondern auf einen verbindlichen Korpus geteilten theoretischen Wissens verweisen kann. Ironischerweise trifft dieser Prozess eben auch Merton selbst, dessen Begriffe und Konzepte zwar sehr verbreitet sind, die aber häufig auch benutzt werden, ohne dass der Bezug auf ihn noch erfolgt.

Beide Prozesse – Verbreitung wie Vergessen – sollen im wissenschaftlichen Kontext an zwei bereits diskutierten Begriffen und Konzepten von Merton knapp verdeutlicht werden: zum einen an der „Self-fulfilling Prophecy" und zum anderen am „Matthäus-Effekt".

Selbsterfüllende Prophezeiung

Mertons Formulierung der selbsterfüllenden Prophezeiung ist einer seiner am häufigsten gebrauchten Begriffe und Konzepte überhaupt (vgl. Zuckerman 2010: 323). Interessant ist hier sicherlich die Vielzahl wissenschaftlicher Felder, auf denen die selbsterfüllende Prophezeiung gegenwärtig Anwendung findet (Biggs 2009) und dabei auch für die jeweilige Forschung modifiziert wird.

Im Anschluss an die Arbeit von Jones (1977), der in sozialpsychologischer Perspektive eine Vielzahl von Verhaltensweisen mit dem Konzept der selbsterfüllenden Prophezeiung in Zusammenhang bringt, und jener von Rosenthal/Jacobson (1968), in der gezeigt wurde, dass eine leichte Veränderung der Erwartungen, die Lehrer an ihre Schüler haben, deren Leistungen steigern konnte, hat Eden (1984) die selbsterfüllende Prophezeiung als Managementinstrument beschrieben, mit dem in hierarchischen Organisationsstrukturen die Leistung der Untergebenen dadurch gesteigert werden kann, dass die leitenden Angestellten von diesen schlicht mehr erwarten. Die Managementliteratur ist reich an derartigen Beispielen für diese als „Pygmalioneffekt" bezeichnete Variante der selbsterfüllenden Prophezeiung. Mit Blick auf ethische Skandale in der Geschäftswelt in den vergangenen Jahren und der Rolle, die der Lehre und Forschung von Business Schools für Unternehmen und deren Wahrnehmung im Hinblick auf ihre Beziehungen zur Gesellschaft und deren moralische Erwartungen an Unternehmen zukommt, geht Gonin (2009) davon aus, dass die Ursachen in zwei unhinterfragten Grundannahmen des gelehrten und praktizierten „mainstream business model" zu suchen seien. Die Überzeugung, dass Wissenschaft wertneutral und Spezialisierung effizient sei, habe im Sinne einer selbsterfüllenden Prophezeiung dazu geführt, dass dieses Modell zu einem von ethischen oder gesellschaftlichen Belangen abgekoppelten normativen Rahmen zur Durchführung von Geschäftspraktiken geworden sei. Gonin begreift es als Folge einer derartigen selbsterfüllenden Prophezeiung, dass es so zum Verlust einer ethischen Selbstreflexion der Geschäftswelt und auch der Business Schools im Hinblick auf ihre Rolle in der Gesellschaft und ihr Bewusstsein moralischer Verantwortung gekommen sei.

Jenseits von Schulen, Ökonomie und der Welt der Unternehmen spielen selbsterfüllende Prophezeiungen in jüngerer Zeit aber auch in ganz anderen Bereichen der Wissenschaft eine wichtige Rolle. Houghton (2009) etwa geht einerseits der Frage nach, inwiefern klassische Theorien der Internationalen Beziehungen – etwa die Theorie des demokratischen Friedens und die Theorie des ökonomischen Friedens – so auf die Realität einwirken, dass sie zu selbsterfüllenden Prophezeiungen werden können, ohne prinzipiell richtig oder falsch zu sein; andererseits steht zur Frage, inwiefern etwa Huntingtons (1993) These eines *Clash of Civilizations* – eine nach Houghtons Ansicht „Self-negating Thesis" – zu einer „Self-fulfilling Thesis" werden kann. Analysen von selbsterfüllenden Prophezeiungen sind auch in der Sozialpsychologie verbreitet; hier geht es häufig um Fragen des Einflusses, den Individuen aufeinander ausüben (vgl. Cialdini/Goldstein 2004). In dieser Tradition gehen Salganik/Watts (2008) der Frage nach, inwiefern die Wahrnehmung des Erfolges bestimmter Musik zu einer selbsterfüllenden Prophezeiung auf dem Musikmarkt werden kann. Im medizinischen Feld reicht die Beschäftigung mit selbsterfüllenden Prophezeiungen von der Analyse von Placeboeffekten (Stewart-Williams/Podd 2004) bis hin zu ethischen Fragen der Betreuung von Schwerstkranken und der Frage, inwiefern Diagnosen etwa über eine bestimmte Lebenserwartung zu selbsterfüllenden Prophezeiungen werden, die das Verhalten von Patienten entsprechend beeinflussen können (Wilkinson 2009).

In allen bisher erwähnten Arbeiten wird explizit auf Robert Merton als Urheber der selbsterfüllenden Prophezeiung verwiesen. Das ist allerdings nicht zwangsläufig, und so finden sich zum Teil in denselben Bereichen Arbeiten, die diesen Bezug nicht herstellen. Sternberg (2011) betrachtet das Konzept aus der Perspektive der Neurobiologie und Immunologie und diskutiert, inwiefern selbsterfüllende Prophezeiungen – verstanden als eine spezifische Erwartung – bei Patienten zu einem bestimmten Verhalten führen kann, das etwa im Heilungsprozess eine entscheidende Rolle spielt. Vrugt (1990) zeigt in einer Analyse simulierter therapeutischer Sitzungen, dass das nonverbale Verhalten von Therapeuten insofern ernsthafte Konsequenzen für die therapeutische Situation haben kann, als dadurch negative Einstellungen von Therapeuten gegenüber (Kategorien von) Klienten zum Ausdruck gebracht werden, die zu selbsterfüllenden Prophezeiungen werden und für Klienten unerwünschte und negative Effekte erzeugen können. Als aktuelles und ironisches Beispiel kann Abagyans (2012) Vorhersage über die Entwicklung der Computerchemie in den nächsten 25 Jahren gelten, die er auch mithilfe von selbsterfüllenden Prophezeiungen wagt.

Matthäus-Effekt

Es wurde bereits darauf hingewiesen, dass Merton die mit dem Matthäus-Effekt verbundene Idee dem Matthäusevangelium entlehnt und den hier beschriebenen Prozess am Beispiel des Belohnungssystems der Wissenschaften erläutert hat. Schaut man nach der Verbreitung des Konzeptes, so wird auch hier deutlich, dass der Matthäus-Effekt Eingang in viele wissenschaftliche Disziplinen gefunden hat, und auch hier sowohl mit als auch ohne Bezug auf Robert Merton. Zuckerman (2010) hat in einer eingehenden Analyse die Verbreitung des Matthäus-Effektes nachgezeichnet und dabei auch auf den Prozess der „Obliteration by Incorporation" hingewiesen.

Das große Interesse, das dem Matthäus-Effekt sowohl in wissenschaftlichen als auch in alltäglichen Zusammenhängen entgegengebracht wird, liegt vermutlich darin begründet, dass mit ihm Phänomene beschrieben werden, die auf zentrale Fragen und Probleme in modernen Gesellschaften hinweisen. Warum besitzen oder verdienen die Einen (viel) mehr als die Anderen? Wie und warum ist die Verteilung von Lebenschancen im Hinblick auf Bildungsverläufe, den Erwerb von Bildungspatenten, den Besuch von (bestimmten) Hochschulen, den Erwerb von Berufspositionen etc. so offensichtlich ungleich verteilt? Wie und warum kommt es in frühen Lebensphasen in unterschiedlichen Lebensbereichen zu Sortierungsprozessen, die die Chancen im weiteren Lebenslauf massiv beeinflussen? Matthäus-Effekte erklären nicht alle derartige Fragen erschöpfend, aber sie erklären einen Gutteil der aufgezeigten Ungleichverteilung von Vorteilen im Hinblick auf die Lebenschancen von Individuen.

Die Zahl wissenschaftlicher Arbeiten, die sich auf den Matthäus-Effekt beziehen, ist kaum zu überblicken. Arbeiten finden sich im Hinblick auf soziale Mobilität, Armut, Rasse, Kriminalität, Bildung etc. (vgl. Zuckerman 2010). Joseph (1989) hat in vergleichender Perspektive die Entwicklung des Gesundheitsstatus in Gesellschaften untersucht und gezeigt, dass die Verbesserung des Gesundheitsstatus in solchen Gesellschaften schneller vonstatten geht, die sich bereits auf einem relativ höheren Niveau befinden, während die anderen Gesellschaften im Zeitverlauf eher noch zurückfallen. Di Prete/Eirich (2006) diskutieren den mit dem Matthäus-Effekt verbundenen Prozess „kumulativen Vorteils" als Mechanismus der Generierung sozialer Ungleichheit. Wahlberg/Tsai (1983) zeigen in einer empirischen Untersuchung, wie stark ein entsprechender Bildungshintergrund, psychologische Aspekte der Umwelt von Kindern oder auch die Zugehörigkeit zu sozioökonomischen oder ethnischen Gruppen im Laufe der schulischen Bildung kumulative Vorteile erzeugen, während Stanovich (1986) Matthäus-Effekte im Hinblick auf Unterschiede beim Erwerb von Lesekompetenzen analysiert.

Und auch im Bereich der Ökonomie sowie der Managementforschung spielt der Matthäus-Effekt eine bedeutende Rolle (Hunt/Blair 1987; Tang 1996; Veugelers/Kesteloot 1996). Jüngst hat Rigney (2010) die Bedingungen analysiert, unter denen der Matthäus-Effekt wirkt oder nicht und die Frage gestellt, inwiefern sein Wirken uns zwingt, über Konzeptionen von Gerechtigkeit oder Fairness in modernen Gesellschaften nachzudenken.

Über die Grenzen der Wissenschaft hinaus hat jüngst Gladwell (2009) mit seinem Bestseller *Überflieger. Warum manche Menschen erfolgreich sind und andere nicht* den Matthäus-Effekt bekannt gemacht. Im ersten Kapitel des Buches erläutert er anschaulich, wie das, was gemeinhin als individuelles Verdienst oder Begabung verstanden wird, häufig schlicht strukturelle Effekte sind und dazu auf die Auswahl von jugendlichen Eishockeyspielern in Kanada verwiesen. Nicht das individuelle Talent ist hier ausschlaggebend für eine stärkere Förderung, sondern die soziale Tatsache, dass aus jedem Jahrgang vor allem die ältesten Kinder gefördert, die jüngeren hingegen als weniger hoffnungsvoll benachteiligt werden (vgl. Barnsley/Thompson/Barnsley 1985). „Die Überrepräsentation von früh im Jahr geborenen Spielern in diesen Sportarten hat mit dem Umstand zu tun, dass diese Kandidaten dank ihrer weiterentwickelten Physis und besseren Auffassungsgabe eher in eine Mannschaft aufgenommen werden als jüngere, später im Jahr geborene Bewerber" (Zuckerman 2010: 331). Deutlich wird hier, dass Erfolg, im Gegensatz zu liberalen Ideologien, durchaus unverdient sein kann.

Die selbsterfüllende Prophezeiung wie der Matthäus-Effekt sind in der Wissenschaft und über diese hinaus bis heute enorm einflussreiche Konzepte. In vielen Fällen beziehen sich Autoren weiterhin direkt auf Merton, doch in wohl ebenso vielen Fällen gibt es keinen Bezug mehr auf ihn. Im Gegensatz zu den Begriffen und Konzepten selbst, die weiterhin Verbreitung finden und damit zum festen Wissensbestand unterschiedlicher Wissenschaftsdisziplinen wie auch des Alltagswissens sozialer Akteure gehören, gerät Merton durch den Prozess der „obliteration by incorporation" als ihr eigentlicher Urheber mehr und mehr in Vergessenheit.

6.6 Anomie und abweichendes Verhalten

Robert Mertons Anomiekonzept (Merton [1938b] 1968, [1957b] 1968) ist sicherlich eines seiner bekanntesten, einflussreichsten und auch außerhalb der Soziologie am meisten diskutierten. Während mit Durkheims Anomiekonzept die fehlende moralische Regulierung von Politik und Ökonomie oder auch das Fehlen intermediärer Organisationen assoziiert wird und Anomie damit als Effekt struktureller Prozesse gilt, wurde Mertons Konzept nicht selten fälschlicherweise als individualistisches Konzept begriffen, in dem es im Wesentlichen um die Verhaltensweisen und Strategien individueller Akteure gehe. Nicht zuletzt dieses Missverständnis hat zu einer Vielzahl konzeptioneller Diskussionen des Anomiekonzeptes geführt (Crothers 1987; Sztompka 1998).

Auch wenn Merton es selbst so nicht intendiert haben mag, hat sein Anomiekonzept früh drei Konsequenzen gezeitigt: zum einen seine stark psychologische und sozialpsychologische Weiterentwicklung (McClosky/Schaar 1965), insbesondere durch die Entwicklung einer für empirische Untersuchungen entwickelten Anomieskala durch Leo Srole (1956, 1965). Im enger soziologischen Sinne hingegen rückten, zweitens, insbesondere die individuellen Anpassungsstrategien der Akteure an eine gesellschaftliche Situation in den Mittelpunkt, in der kulturell verbindliche Ziele mit den den Individuen zur Verfügung stehenden Mitteln nicht auf legitime Art und Weise erreicht werden können. Drittens entwickelte sich in engem Zusammenhang mit dem Anomiekonzept daraus die sogenannte „strain theory", in der davon ausgegangen wird, dass soziale Strukturen Individuen zu einem bestimmten Verhalten drängen. Featherstone/Deflem (2003) haben die Problematik des Verhältnisses Anomietheorie und „strain theory" im Konzept von Merton wieder aufgegriffen und gezeigt, dass diese beiden Stränge nicht, wie oft behauptet, notwendig miteinander verbunden sind (vgl. auch Konty 2005).

Diese beiden letzteren Lesarten des Merton'schen Anomiekonzeptes sind früh zu einem zentralen Bezugspunkt in den Theorien abweichenden Verhaltens geworden; Merton selbst hat sich in diese Debatten immer wieder eingeschaltet (Merton 1955, 1959, 1964, 1995a), sich auch kritisch zur Lesart seines Konzeptes in der „strain theory" geäußert und dagegen sein Konzept der Opportunitätsstrukturen profiliert. Während Marwah/Deflem (2006) für eine Weiterentwicklung des konzeptuellen Verhältnisses von Anomie und den Opportunitätsstrukturen plädieren, haben Smith/Bohm (2008) eine kritische Auseinandersetzung mit Formen der Anomietheorie vorgelegt, in der sie Merton insbesondere dafür kritisieren, Aspekte der Macht und der Machtdynamiken in seinem Konzept unberücksichtigt gelassen zu haben. Bei aller Fehlinterpretation, Auseinandersetzung und Kritik – bis heute gilt die Anomietheorie in aktuellen Lehrbüchern als wichtiger theoretischer Referenzpunkt im Bereich abweichenden Verhaltens (Böhnisch 2010) und der Kriminologie (Schäfers/Scherr 2005). Feststellen lässt sich aber zugleich, dass Mertons Konzept selbst immer wieder Gegenstand konzeptioneller Überlegungen und Weiterentwicklungen wird. So plädiert Walsh (2000) etwa vor dem Hintergrund von Anomietheorie und „strain theory" für eine Berücksichtigung der Genetik und damit für eine grundlegende Neuorientierung der Kriminologie.

Über diesen engen Rahmen der Theorien abweichenden Verhaltens, der Analyse delinquenten Verhaltens oder der Kriminologie hinaus hat das Anomiekonzept aber auch sehr rasch im Kontext einer theoretischen soziologischen Reflexion über den Zustand moderner Gesellschaften eine wichtige Rolle gespielt, und so hat Ritsert (1969) in der deutschen soziologischen Debatte den Begriff früh eingehend diskutiert. Wieder aufgenommen wurde er im Zuge der Auseinandersetzung um Fragen des Zusammenhalts moderner Gesellschaften. Zeitdiagnostische Überlegungen, in denen über Fragen einer drohenden Desintegration moderner Gesellschaften debattiert wurde (vgl. Heitmeyer 1997; Schäfers 1998), haben den Anomiebegriff sowohl von Durkheim, aber auch jenen von Merton als analytisches Instrument herangezogen, um möglichen Entwicklungstendenzen dieser Gesellschaften auf die Spur zu kommen (Bohle/Heitmeyer/Kühnel/Sander 1997).

Am Beispiel der Anomie lässt sich gleichwohl auch sehr gut beobachten, wie ein wissenschaftliches Konzept in unterschiedlichen Kontexten genutzt wird und es dabei zuweilen weiterentwickelt wird, zuweilen aber auch nur noch begrifflich darauf Bezug genommen wird. Bjarnason (2009) etwa hat ein multidimensionales Konzept zur Untersuchung von Anomie unter jungen Europäern in achtzehn europäischen Ländern entwickelt, er zeigt aber zugleich auch, dass das Anomiekonzept häufig nur noch als relativ unbestimmter Bezugspunkt von Analysen dient, wie etwa in der Erklärung des Genozids in Ruanda durch Taylor (2003) oder in der Analyse der Situation nach dem Zusammenbruch der Sowjetunion durch Pridemore und Kim (2006). Mit dem Konzept der „institutional anomie" beschreiben Messner und Rosenfeld (1994) die makrosoziologischen Bedingungen einer Marktökonomie und ihrer ideologischen hegemonialen Effekte über soziale Institutionen (kritisch dazu Bernburg 2002). Und schließlich verweist Bjarnason (2009) darauf, dass auf Anomie darüber hinaus in einer Vielzahl an Forschungen Bezug genommen wird, wie etwa bei der Analyse von Mobbing (Delfabbro et al. 2006), des Zusammenhangs von Anomie, Materialismus, Rationalisierungstechniken und betrügerischem Verhalten am Markt (Rosenbaum/Kuntze 2003) oder der Analyse der Folgen des Konsums von Fernsehen und Videospielen (van Mierlo/van den Bulck 2004).

Schluss

Es scheint in der Wissenschaft zuweilen nicht unüblich zu sein, die anhaltende Bedeutung großer Denker dadurch in Zweifel zu ziehen, dass man sie als „toten Hund" bezeichnet. Kein Geringerer als Karl Marx hat darauf hingewiesen und im Nachwort zur zweiten Auflage des ersten Bandes des Kapitals bemerkt, dass zur Zeit seiner Arbeit am ersten Band des Kapitals „sich das verdrießliche, anmaßliche und mittelmäßige Epigonentum, welches jetzt im gebildeten Deutschland das große Wort führt, darin (gefiel), Hegel zu behandeln, wie der brave Moses Mendelssohn zu Lessings Zeit den Spinoza behandelt hat, nämlich als ‚toten Hund'." (Marx [1867] 1968: 27). Wie Schluchter (2007) feststellt, ereilte Talcott Parsons nach dem Zusammenbruch des Strukturfunktionalismus als dominantem Paradigma in der Soziologie dieses Schicksal, und so lässt sich fragen, ob nicht auch Robert Merton davon bedroht sein könnte, zum „toten Hund" erklärt zu werden.

Die vorangegangenen Kapitel sollten deutlich gemacht haben, dass das nicht zu befürchten ist, denn Mertons Soziologie scheint tatsächlich so angelegt zu sein, dass sie zwei große Probleme des Faches umgehen kann. Hier scheint man allzu oft an den Großen des Faches eher hängen zu bleiben, und so kritisierte Merton ganz zurecht, dass theoretische Debatten in der Soziologie häufig nicht viel mehr als die immergleichen Rezitationen und Interpretationen dessen sind, was einer ihrer wichtigen Vertreter einmal gesagt haben mag. Zugleich erscheint die Soziologie aber auch häufig als eine Disziplin, die immer wieder viel von dem vergisst, was sie eigentlich längst erkannt und als Wissen hervorgebracht hat. So trifft man häufig auf Debatten, die mit der Attitüde des völlig Neuen geführt werden, die aber letztlich nur die Wiederaufnahme längst diskutierter und wieder vergessener klassischer soziologischer Themen sind. Die Individualisierungsdebatte der 1980er und 1990er Jahre etwa – und damit die Diskussion eines klassisch soziologischen Topos – legt davon beredtes Zeugnis ab.

Sowohl die immer wieder durchgeführte Exegese klassischer Texte als auch die immer wieder von Vorne beginnenden Debatten versuchte Merton in der zweiten Hälfte des vergangenen Jahrhunderts zu überwinden, doch dieses Ziel hat er nicht erreicht. Ihm lag daran, die zu seiner Zeit schon vorhandenen soziologischen Erkenntnisse zusammenzuführen, sie zu kodifizieren und so einen Grundstock verbindlichen soziologischen Wissens zu begründen. Dass ihm das nicht gelungen ist, nimmt Merton aber nichts von seiner Bedeutung für die Soziologie als wissenschaftlicher Disziplin. Ohne Zweifel hat er mit seiner Konzeption der Soziologie in der Mitte des 20. Jahrhunderts maßgeblich dazu beigetragen, die Soziologie zu einer modernen Wissenschaft weiterzuentwickeln.

Noch heute beeindruckt das, was in dieser Einführung als Mertons „soziologischer Blick" bezeichnet wurde. Dieser ist in doppelter Hinsicht von ganz entscheidender Bedeutung. Zum einen ist es ganz gleich, ob es um Diskussionen über den Stand der Soziologie als erklärende Wissenschaft oder über das Verhältnis von soziologischer Theorie und empirischer Forschung geht; ob seine zentralen Theoreme, Begriffe oder Konzepte im Mittelpunkt stehen, die nicht nur in der Soziologie Anwendung gefunden haben und nach wie vor immer wieder zu Analysen herangezogen werden; oder ob es um die strukturelle Analyse spezifischer Prozesse wie sozialen Wandel, die Bürokratisierung moderner Gesellschaften, um die Analyse der Wissenschaft oder von Anomie, Rollen- oder Bezugsgruppentheorie geht – viele Aspekte des Merton'schen Werkes sind bis heute hoch aktuell und bieten eine Vielzahl an Anregungen und Anknüpfungsmöglichkeiten für soziologische Theorie und Forschung.

Zum anderen ist Mertons Art, Soziologie zu betreiben und so den „soziologischen Blick" wirksam werden zu lassen, gerade für jene von Interesse, die sich zum ersten Mal der Soziologie zuwenden und einen Zugang zu dieser nicht gerade immer einfachen Disziplin suchen. Hier lässt sich lernen, was es mit Theorie eigentlich auf sich hat und wozu die Soziologie sie benötigt; hier kann man begreifen, was theoretisch angeleitete empirische Forschung zutage fördern kann, gleich welche Methode man wählt; hier gewinnt man früh einen „soziologischen Blick" auf die soziale Welt, der die von Anthony Giddens behauptete Überlegenheit professionellen soziologischen Wissens über das Soziale gegenüber dem Laienwissen sozialer Akteure zu begründen weiß. Und man kann hier erkennen, was es heißt, sich beispielsweise einer ideologisch hoch aufgeladenen Debatte um die „Reform" des Hochschulwesens soziologisch nüchtern zu nähern. Es reicht nämlich, wie Richard Münch gezeigt hat, bereits ein einziges Theorem – in diesem Fall der „Matthäus-Effekt" –, um die Sinnlosigkeit der ökonomischen Wettbewerbsrhetorik um Elite und Exzellenz zu entlarven, das hinter ihr stehende ökonomische und politische sowie hochschulpolitische Interesse und Kalkül zu erkennen und zu verstehen, wie das Ethos der Wissenschaft dabei auf der Strecke bleibt. Die im Feld der Wissenschaft, wie auf allen sozialen Feldern existierenden Machtverhältnisse und die hier wirksamen Mechanismen von Herrschaft zu analysieren und offenzulegen – das ist die wichtigste Aufgabe der Soziologie, und

Robert Merton hat dazu einen nicht unbedeutenden Beitrag geleistet, wenngleich, wie er selbst es gefordert hat, seine Soziologie sich gerade angesichts neuer gesellschaftlicher Entwicklungen immer wieder neu bewähren und deutlich machen muss, wie sie uns bei unseren Versuchen, das Soziale zu verstehen und zu erklären das entsprechende Werkzeug sein kann.

Offensichtlich ist Robert K. Merton also alles andere als ein „toter Hund" der Soziologie; viele Facetten seiner Soziologie sind bis heute hoch aktuell und vermögen, die Analyse sozialer wie soziologischer Probleme anzuleiten. Doch wie selbst immer wieder betont hat, heißt das eben nicht Rezitation, sondern konstruktive Weiterentwicklung.

Literatur

a) Robert K. Merton: Ausgewählte Literatur

Merton, Robert K. (1934a): Recent French Sociology, in: *Social Forces* 12, 537–545.

Merton, Robert K. (1934b): Durkheim's Division of Labor in Society, in: *American Journal of Sociology* 40, 319–328.

Merton, Robert K. (1936a): The Unanticipated Consequences of Purposive Social Action, in: *American Sociological Review* 1, 894–904.

Merton, Robert K. (1936b): Puritanism, Pietism and Science, in: *Sociological Review* 28, 1–30.

Merton, Robert K. (1937a): The Sociology of Knowledge, in: *Isis* 27, 493–503.

Merton, Robert K. (1937b): Some Economic Factors in Seventeenth-Century English Science, in: *Scientia: Revista di Scienza* 62, 142–52.

Sorokin Pitirim A./Robert K. Merton (1937): Social Time: A Methodological and Functional Analysis, in: *American Journal of Sociology* 42, 615–629.

Merton, Robert K. (1938a): Science, Technology and Society in Seventeenth Century England, in: *Osiris: Studies on the History and Philosophy of Science and on the History of Learning and Culture*. Bruges: The St Catherine Press, 362–632. Neuauflage 1970, New York: Howard Fertig.

Merton, Robert K. ([1938b] 1968): Social Structure and Anomie, in: *American Sociological Review* 3, 672–682.

Merton, Robert K. ([1938c] 1968): Science and the Social Order, in: *Philosophy of Science* 5, 321–37. Zit. n. *Social Theory and Social Structure*, 1968, 591–603.

Merton, Robert K. (1939): Science and the Economy of 17th-Century England, in: *Science and Society* 3, 3–27.

Merton, Robert K. ([1940] 1968): Bureaucratic Structure and Personality, in: *Social Forces* 18, 560–568. Zit. n. *Social Theory and Social Structure*, 1968, 249–260.

Merton, Robert K./Montague F. Ashley Montagu (1940): Crime and the Anthropologist, in: *American Anthropologist* 42, 384–408.

Merton, Robert K. (1941): Karl Mannheim and the Sociology of Knowledge, in: *Journal of Liberal Religion* 2, 125–147.

Merton, Robert K. ([1942] 1968): A Note on Science and Democracy, in: *Journal of Legal and Political Sociology* 1, 115–26. Zit. n. „Science and Democratic Social Structure", in: *Social Theory and Social Structure*, 1968, 604–615.

Merton, Robert K. ([1945a] 1968): Sociological Theory, in: *American Journal of Sociology* 50, 462–473. Zit. n. The Bearing of Sociological Theory on Empirical Research, in: *Social Theory and Social Structure*, 1968, 139–155.

Merton, Robert K. (1945b): The Role of the Intellectual in Public Bureaucracy. *Social Forces* 23, 405–15. Zit. n. *Social Theory and Social Structure*, 1968, 261–278.

Merton (1945c): Sociology of Knowledge, in: Georges Gurvitch/Wilbert E. Moore (Hrsg.), *Twentieth Century Sociology*. New York: Philosophical Library, 366–405.

Merton, Robert K./Patricia L. Kendall (1946): The Focused Interview, in: *American Journal of Sociology* 51, 541–557.

Merton, Robert K. (1948a): Discussion: The Position of Sociological Theory, in: *American Sociological Review* 13, 164–168.

Merton, Robert K. ([1948b] 1968): The Bearing of Empirical Research upon the Development of Social Theory, in: *American Sociological Review* 13, 505–515. Zit. n. *Social Theory and Social Structure*, 1968, S. 156–171.

Merton, Robert K. (1948c) 1968: The Self-Fulfilling Prophecy. *Antioch Review*, Summer, 193–210. Zit. n. *Social Theory and Social Structure*, 1968, 335–440.

Merton (1948d) Discrimination and the American Creed, in: Robert M. Maclver (Hrsg.), *Discrimination and National Welfare*. New York: Harper & Brothers, 99–126.

Merton, Robert K./Paul F. Lazarsfeld (1948): Mass Communication, Popular Taste, and Organized Social Action, in Lyman Bryson (Hrsg.), *Communication of Ideas*. New York: Harper & Brothers, 95–118.

Merton, Robert K. (1949a): *Social Theory and Social Structure*. New York: The Free Press.

Merton, Robert K. ([1949b] 1968): Manifest and Latent Functions, in: Robert K. Merton, *Social Theory and Social Structure*. New York: The Free Press, 21–84. Zit. n. *Social Theory and Social Structure*, 1968, 73–138.

Merton, Robert K. (1949c): The Role of Applied Social Science in the Formation of Policy, in: *Philosophy of Science* 16, 161–81.

Merton, Robert K. (1949d): Patterns of Influence: A Study of Interpersonal Influence and Communications Behavior in a Local Community, in: Paul F. Lazarsfeld/Frank Stanton (Hrsg.), *Communications Research, 1948–49*. NewYork: Harper & Brothers, 180–219.

Merton, Robert K./Patricia S. West/Marie Jahoda (1949): *Social Fictions and Social Facts: The Dynamics of Race Relations in Hilltown*. Unveröffentlichtes Manuskript. Columbia University Library; Rare Book and Manuscript Library; Robert K. Merton Papers; Box 215, Folder 6–7.

Merton, Robert K. ([1950] 1968): Contributions to the Theory of Reference Group Behavior, in: Robert K. Merton/Paul F. Lazarsfeld (Hrsg.) (1950): *Continuities in Social Research: Studies in the Scope and Method of „The American Soldier"*. New York: The Free Press, 40–105. Zit. n. *Social Theory and Social Structure*, 1968, 279–334.

Merton, Robert K./Paul F. Lazarsfeld (Hrsg.) (1950): *Continuities in Social Research: Studies in the Scope and Method of ‚The American Soldier'*. New York: The Free Press.

Merton, Robert K./Patricia West/Marie Jahoda (1951): *Patterns of Social Life: Explorations in the Sociology of Housing*. New York: Bureau of Applied Social Research.

Merton, Robert K./Alisa P. Gray/Barbara Hockey/Hanan C. Selvin (Hrsg.) (1952): *Reader in Bureaucracy*. New York: The Free Pres

Merton, Robert K./Paul F. Lazarsfeld (1954): Friendship as a Social Process: A Substantive and Methodological Analysis, in: Morroe Berger/Theodore Abel/Charles Page (Hrsg.), *Freedom and Control in Modern Society*. New York: Van Nostrand, 18–66.

Merton, Robert K. (1955): The Socio-Cultural Environment and Anomie, in: Helen L. Witmer/Ruth Kotinsky (Hrsg.), *New Perspectives for Research on Juvenile Delinquency*. Washington, DC. U.S. Government Printing Office, 24–50.

Merton, Robert K./Marjorie Fiske/Patricia L. Kendall (1956a): *The Focused Interview*. New York: The Free Press.

Merton, Robert K./Edward C. Devereux, Jr. (1956): *The Role of Social Research in Business Administration: A Case Study Based Primarily upon the 1930–1949 Experience of the Opinion Research Section of the Chief Statistician's Division of AT&T*. New York: Bureau of Applied Social Research.

Merton, Robert K. (1957a): *Social Theory and Social Structure*. Revised Edition. New York: The Free Press.

Merton, Robert K. ([1957b] 1968): Continuities in the Theory of Social Structure and Anomie, in: Robert K. Merton, *Social Theory and Social Structure*. Revised Edition. New York: The Free Press, 161–194. Zit. n. Social Theory and Social Structure, 1968, 215–248.

Merton, Robert K. ([1957c] 1968): Continuities in the Theory of Reference Groups and Social Structure, in: Robert K. Merton, *Social Theory and Social Structure*. Revised Edition. New York: The Free Press, 281–386. Zit. n. *Social Theory and Social Structure*, 1968, 335–440.

Merton, Robert K. (1957d): The Role-Set: Problems in Sociological Theory, in: *British Journal of Sociology* 8, 106–120.

Merton, Robert K. (1957e): Priorities in Scientific Discovery: A Chapter in the Sociology of Science. *American Sociological Review* 22, 635–59.

Merton, Robert K. ([1957f] 1976): Some Preliminaries to a Sociology of Medical Education, in: Robert K. Merton/George C. Reader/Patricia Kendall (Hrsg.), *The Student-Physician*. Cambridge, MA: Harvard University Press, 3–79. Zit. n. The Ambivalence of Physicians (Auszug S. 71–79), in: *Sociological Ambivalence, 1976*, 65–72.

McKeon, Richard Peter/Robert K. Merton/Walter Gellhorn (1957): *The Freedom to Read: Perspective and Program*. New York: R. R. Bowker.

Merton, Robert K. (1959): Social Conformity, Deviation and Opportunity-structure, in: *American Sociological Review* 24, 177–189.

Merton, Robert K./Leonard Broom/Leonard Cottrell, Jr. (Hrsg.) (1959): *Sociology Today: Problems and Prospects*. New York: Basic Books.

Merton, Robert K. (1960): „Recognition" and „Excellence": Instructive Ambiguities, in: Adam Yarmolinsky (Hrsg.), *Recognition of Excellence*. New York: The Free Press, 297–328.

Merton, Robert K. (1961a): Social Problems and Sociological Theory, in: Robert K. Merton/Robert A. Nisbet (Hrsg.), *Contemporary Social Problems*. New York: Harcourt Brace Jovanovich, 697–737.

Merton, Robert K. (1961b): The Role of Genius in Scientific Advance, in: *New Scientist* (November), 306–08.

Merton, Robert K. (1961c): Social Conflict in Styles of Sociological Work, in: *Transactions, Fourth World Congress of Sociology* 3, 21–46.

Merton, Robert K./Robert A. Nisbet (Hrsg.) (1961): *Contemporary Social Problems*. New York: Harcourt Brace Jovanovich.

Merton, Robert K. ([1963] 1976): The Ambivalence of Scientists, in: *Bulletin of the Johns Hopkins Hospital* 112, 77–97. Zit. n. *Sociological Ambivalence*, 1976, 32–55.

Merton, Robert K./Elinor Barber ([1963] 1976): Sociological Ambivalence, in: Edward A. Tiryakian (Hrsg.), *Sociological Theory, Values, and Socio-cultural Change*. New York: The Free Press, 91–120. Zit. n. *Sociological Ambivalence*, 1976, 3–31.

Merton, Robert K. (1964): Anomie, Anomia and Social Interaction: Contexts of Deviant Behavior, in: Marshall Clinard (Hrsg.), *Anomie and Deviant Behavior*. New York: The Free Press, 213–242.

Merton, Robert K. (1965): *On the Shoulders of Giants: A Shandean Postscript*. New York: The Free Press.

Merton, Robert K. (1967): *On Theoretical Sociology: Five Essays, Old and New*. New York: The Free Press.

Merton, Robert K. (1968): *Social Theory and Social Structure*. 1968 enlarged edition. New York/London: The Free Press.

Merton, Robert K. (1968a): On the History and Systematics of Sociological Theory, in: Robert K. Merton, *Social Theory and Social Structure*. 1968 enlarged edition. New York/London: The Free Press, 1–38.

Merton, Robert K. (1968b): On Sociological Theories of the Middle Range, in: Robert K. Merton, *Social Theory and Social Structure*. 1968 enlarged edition. New York/London: The Free Press, 39–72.

Merton, Robert K. (1968c): The Matthew Effect in Science: The Reward and Communication Systems of Science are Considered, in: *Science* 199, 3810 (January 5), 55–63.

Merton, Robert K. ([1970] 1976) The Ambivalence of Organizational Leaders, in: James F. Oates, Jr. (Hrsg.), *The Contradictions of Leadership*. New York: Appleton-Century-Crofts, 1–26.

Merton, Robert K./Richard Lewis (1971): The Competitive Pressures (I): The Race for Priority, in: *Impact of Science on Society* 21, 151–61.

Merton, Robert K./Harriet Zuckerman (1971): Patterns of Evaluation in Science: Institutionalization, Structure and Functions of the Referee System, in: *Minerva* 9, 66–100.

Merton, Robert K. (1972): Insiders and Outsiders: A Chapter in the Sociology of Knowledge, in: *American Journal of Sociology* 77, 9–47.

Merton, Robert K./Harriet Zuckerman (1972): Age, Aging, and Age Structure in Science, in: Matilda W. Riley/Marilyn Johnson/Ann Foner (Hrsg.), *A Theory of Age Stratification*. Vol. 13. of Aging and Society. New York: Russell Sage Foundation, 292–356.

Merton, Robert K. (1973): *The Sociology of Science: Theoretical and Empirical Investigations*. Herausgegeben von Norman Storer. Chicago: The University of Chicago Press.

Merton, Robert K. (1975): Structural Analysis in Sociology, in: Peter M. Blau (Hrsg.), *Approaches to the Study of Social Structure*. NewYork: The Free Press, 21–52.

Merton, Robert K. (1976): *Sociological Ambivalence*. New York: The Free Press

Merton, Robert K. (1979): *The Sociology of Science: An Episodic Memoir*. Carbondale: University of Southern Illinois Press.

Merton, Robert K./James Coleman/Peter H. Rossi (Hrsg.) (1979): *Qualitative and Quantitative Social Research: Papers in Honor of Paul E Lazarsfeld*. New York: The Free Press.

Merton, Robert K./Peter M. Blau (Hrsg.) (1981): *Continuities in Structural Inquiry*. London: Sage Publications.

Merton, Robert K. (1982): *Social Research and the Practicing Professions*. Cambridge: Abt Books.

Merton, Robert K. (1984a): Socially Expected Durations: A Case Study of Concept Formation in Sociology, in: Walter W. Powell/Richard Robbins (Hrsg.), *Conflict and Consensus: A Festschrift for Lewis A. Coser*. New York: The Free Press, 262–283.

Merton, Robert K. (1984b): The Fallacy of the Latest Word: The Case of Pietism and Science, in: *American Journal of Sociology* 89, 1091–1121.

Merton, Robert K. (1987a): The Focussed Interview & Focus Groups: Continuities and Discontinuities, in: *Public Opinion Quarterly* 51, 550–566.

Merton, Robert K. (1987b): Three Fragments from a Sociologist's Notebooks: Establishing the Phenomenon, Specified Ignorance and Strategic Research Materials, in: *Annual Review of Sociology*, 13, 1–28.

Merton, Robert K. (1988): The Matthew Effect in Science, II: Cumulative Advantage and the Symbolism of Intellectual Property, in: *Isis* 79, 606–623.

Merton, Robert K. (1994): *A Life of Learning. Charles Homer Haskins Lecture*. ACLS Occasional Paper 25.

Merton, Robert K. (1995a): Opportunity Structure, in: Freda Adler/William Laufer (Hrsg.), *The Legacy of Anomie Theory*. New Brunswick: Transaction Publishers, 3–78.

Merton, Robert K. (1995b): The Thomas Theorem and the Matthew Effect, in: *Social Forces* 74, 379–424.

Merton, Robert K. (1997): On the Evolving Synthesis of Differential Association and Anomie Theory: A Perspective from the Sociology of Science, in: *Criminology* 35, 517–525.

Merton, Robert K. (1998): Unanticipated Consequences and Kindred Ideas, in: Carlo Mongardini/Simonetta Tabboni (Hrsg.), *Robert K. Merton & Contemporary Sociology*. New Brunswick, NJ: Transaction Publishers, 295–318.

Merton, Robert K./Elinor G. Barber (2004): *The Travels and Adventures of Serendipity: A Study in Sociological Semantics and the Sociology of Science*. Princeton: Princeton University Press.

b) Sekundärliteratur

Abagyan, Ruben (2012): Computational Chemistry in 25 Years, in: *Journal of Computer Aided Molecular Design* 26, 9–10.

Adler, Freda/William S. Laufer (Hrsg.) (1995): *The Legacy of Anomie Theory. Advances in Criminological Theory Vol. 6*. New Brunswick/London: Transaction Publishers.

Ammassari, Paoli (1998): Robert K. Merton: The Relation Between Theory and Research, in: Carlo Mongardini/Simonetta Tabboni (Hrsg.), *Robert K. Merton & Contemporary Sociology*. New Brunswick, NJ: Transaction Publishers, 45–60.

Archer, Margaret (1988): *Culture and Agency*. Cambridge: Cambridge University Press.

Bacon, Francis ([1620] 1990): *Neues Organon*. Herausgegeben und mit einer Einleitung von Wolfgang Krohn. Hamburg: Felix Meiner Verlag.

Bachrach, Michael/Gerardo Guerra/Daniel John Zizzo (2007): The Self-fulfilling Prophecy of Trust: An Experimental Study, in: *Theory and Decision* 63, 349–388.

Barnsley, Roger H./Angus H. Thompson/P. E. Barnsley (1985): Hockey Success and Birthdate: The Relative Age Effect, in: *Canadian Association for Health, Physical Education, and Recreation* 51, 23–28.

Beck, Ulrich (1983): Jenseits von Klasse und Stand? Soziale Ungleichheit, gesellschaftliche Individualisierungsprozesse und die Entstehung neuer sozialer Formationen und Identitäten, in: Reinhard Kreckel (Hrsg.), *Soziale Ungleichheit*. Sonderband 2. Soziale Welt. Göttingen: Schwartz, 35–74.

Bernburg, Jón Gunnar (2002): Anomie, Social Change, and Crime. A Theoretical Examination of Institutional-Anomie Theory, in: *British Journal of Criminology* 42, 729–742.

Bierstedt, Robert (1981): *American Sociological Theory: A Critical History*. New York: Academic Press.

Biggs, Michael (2009): Self-Fulfilling Prophecies, in: Peter Hedström/Peter Bearman (Hrsg.), *The Oxford Handbook of Analytical Sociology*. New York: Oxford University Press, 294–314.

Bjarnason, Thoroddur (2009). Anomie Among European Adolescents: Conceptual and Empirical Classification of a Multilevel Sociological Concept, in: *Sociological Forum* 24, 135–161.

Blau, Peter M. (1975): Structural Constraints of Status Complements, in: Lewis A. Coser (Hrsg.), *The Idea of Social Structure. Papers in Honour of Robert K. Merton*. New York/Chicago/San Francisco/Atlanta: Harcourt Brace Jovanovic, 117–138.

Blau, Peter M. (1990): Structural Constraints and Opportunities: Merton's Contribution to General Theory, in: Jon Clark/Celia Modgil/Sohan Modgil (Hrsg.), *Robert K. Merton. Consensus and Controversy*. London/New York/Philadelphia: The Falmer Press, 141–155.

Blau, Peter M. (1994): Structural Contexts of Opportunities. Chicago/London: The University of Chicago Press.

Böhnisch, Lothar (2010): *Abweichendes Verhalten. Eine pädagogisch-soziologische Einführung*. Weinheim/München: Juventa.

Bohle, Hans Hartwig/Wilhelm Heitmeyer/Wolfgang Kühnel/Uwe Sander (1997): Anomie in der modernen Gesellschaft: Bestandsaufnahme und Kritik eines klassischen Ansatzes soziologischer Analyse, in: Wilhelm Heitmeyer (Hrsg.), *Was treibt die Gesellschaft auseinander?* Frankfurt a. M.: Suhrkamp, 29–65.

Boudon, Raymond (1990): The Two Facets of the Uninteded Consequences Paradigm, in: Jon Clark/Celia Modgil/Sohan Modgil (Hrsg.), *Robert K. Merton. Consensus and Controversy*. London/New York/Philadelphia: The Falmer Press, 119–127.

Boudon, Raymond (1991): What Middle-Range Theories Are, in: *Contemporary Sociology* 20, 519–522.

Boudon, Raymond (1996): The „Cognitivist Model". A Generalized „Rational Choice Model", in: *Rationality and Society* 8, 123–150.

Boudon, Raymond (1997): The Present Relevance of Max Weber's Wertrationalität (Value Rationality), in: Peter Kolokowski (Hrsg.), *Methodology of the Social Sciences. Ethics,* and Economics in the Newer Historical School: From Max Weber and Rickert to Sombart and Rothacker. New York: Springer, 4–29.

Boudon, Raymond (1998): Social Mechanisms without Black Boxes, in: Peter Hedström/ Richard Swedberg (Hrsg.), Social Mechanisms. An Analytical Approach to Social Theory. Cambridge: Cambridge University Press, 172–203.

Bourdieu, Pierre (1982): Die feinen Unterschiede. Kritik der gesellschaftlichen Urteilskraft. Frankfurt a. M.: Suhrkamp.

Bourdieu, Pierre (1983): Eine illegitime Kunst. Die sozialen Gebrauchsweisen der Photographie. Frankfurt a. M.: Suhrkamp.

Bunge, Mario (1997): Mechanism and Explanation, in: Philosophy of the Social Sciences 27, 410–465.

Bunge, Mario (1998): Social Science under Debate. Toronto: University of Toronto Press.

Bunge, Mario (2004): How does it Work? The Search for Explanatory Mechanisms, in: Philosophy of the Social Sciences 34, 182–210.

Bunge, Mario (2010): Soziale Mechanismen und mechanismische Erklärungen, in: Berliner Journal für Soziologie 20, 371–381.

Cialdini, Robert B./Noah J. Goldstein (2004): Social Influence: Compliance and Conformity, in: Annual Review of Psychology 55, 591–621.

Clark, Jon (1990): Robert Merton as Sociologist, in: Jon Clark/Celia Modgil/Sohan Modgil (Hrsg.), Robert K. Merton. Consensus and Controversy. London/New York/Philadelphia: The Falmer Press, 13–23.

Cohen, I. Bernard (Hrsg.) (1990) Puritanism and the Rise of Modern Science: The Merton Thesis. New Brunswick/London: Rutgers University Press.

Coleman, James (1990): Foundations of Social Theory. Cambridge: The Belknap Press of Harvard University Press.

Coser, Lewis A. (1976): Sociological Theory from the Chicago Dominance to 1965, in: Annual Review of Sociology 2, 145–160.

Coser, Lewis A. (2002): Robert K. Merton, in: Dirk Kaesler (Hrsg.), Klassiker der Soziologie 2. München: Verlag C. H. Beck, 152–170.

Coser, Lewis A./Robert Nisbet (1975): Merton and the Contemporary Mind, in: Lewis A. Coser (Hrsg.), The Idea of Social Structure. Papers in Honour of Robert K. Merton. New York u. a.: Harcourt Brace Jovanovic, 3–10.

Crothers, Charles (1987): Robert K. Merton. London/New York: Tavistock.

Dahrendorf, Ralf (1963): Die angewandte Aufklärung. Gesellschaft und Soziologie in Amerika. München: Piper.

Delfabbro, Paul/Tony Winefield/Sarah Trainor/Maureen Dollard/Sarah Anderson/Jacques Metzer/Anne Haamrstrom (2006): Peer and Teacher Bullying. Victimization of South Australian Secondary School Students, in: British Journal of Educational Psychology 76, 71–90.

Di Prete, Thomas A./Gregory M. Eirich (2006): Cumulative Advantage as a Mechanism for Inequality: A Review of Theoretical and Empirical Developments, in: Annual Review of Sociology 32, 271–297.

Durkheim, Emile (1981): Frühe Schriften zur Begründung der Sozialwissenschaften. Herausgegeben, eingeleitet und übersetzt von Lore Heisterberg. Darmstadt/Neuwied: Luchterhand.

Durkheim, Emile ([1893] 1987): *Der Selbstmord*. Frankfurt a. M.: Suhrkamp.

Eden, Dov (1984): Self-fulfilling Prophecy as a Management Tool: Harnessing Pygmalion, in: *Academy of Management Review* 9, 64–73.

Eder, Klaus (2001): Klasse, Macht und Kultur. Zum Theoriedefizit der Ungleichheitsforschung, in: Anja Weiß/Cornelia Koppetsch/Albert Scharenberg/Oliver Schmidtke (Hrsg.), *Klasse und Klassifikation. Die symbolische Dimension sozialer Ungleichheit*. Opladen: Westdeutscher Verlag, 27–60.

Ekström, Mats (1992): Causal Explanation of Social Action. The Contribution of Max Weber and of Critical Realism to a Generative View of Causal Explanation in Social Science, in: *Acta Sociologica* 35, 107–122.

Elster, Jon (1990): Merton's Functionalism and the Unintended Consequences of Action, in: Jon Clark/Celia Modgil/Sohan Modgil (Hrsg.), *Robert K. Merton. Consensus and Controversy*. London/New York/Philadelphia: The Falmer Press, 129–135.

Elster, Jon (1991): Patterns of Causal Analysis in Tocqueville's Democracy in America, in: *Rationality and Society* 3, 277–297.

Elster, Jon (1998): A Plea for Mechanisms, in: Peter Hedström/Richard Swedberg (Hrsg.), *Social Mechanisms. An Analytical Approach to Social Theory*. Cambridge: Cambridge University Press, 45–73.

Elster, Jon (1999): *Alchemies of the Mind. Rationality and the Emotions*. Cambridge: Cambridge University Press

Esser, Hartmut (2002): Was könnte man (heute) unter einer „Theorie mittlerer Reichweite" verstehen?, in: Renate Mayntz (Hrsg.), *Akteure, Mechanismen, Modelle. Zur Theoriefähigkeit makro-sozialer Analysen*. Frankfurt a. M./New York: Campus, 128–150.

Featherstone, Richard/Mathieu Deflem (2003): Anomie and Strain: Context and Consequences of Merton's two Theories, in: *Sociological Inquiry* 73, 471–489.

Ferraro, Fabrizio/Jeffrey Pfeffer/Robert I. Sutton (2005): Economics Language and Assumptions: How Theories can Become Self-fulfilling, in: *Academy of Management Review* 30, 8–24.

Garfield, Eugene (1980): Robert K. Merton: Among the Giants, in: Eugene Garfield, *Essays of an Information Scientist, Vol. 3*, 1977–78. Philadelphia: Institute for Scientific Information, S. 176–178.

Giddens, Anthony (1977): Functionalism: Après la lutte, in: Anthony Giddens, *Studies in Social and Political Theory*. London: Hutchinson, 96–129.

Giddens, Anthony (1988): *Die Konstitution der Gesellschaft. Grundzüge einer Theorie der Strukturierung*. Frankfurt a. M./New York: Campus.

Giddens, Anthony (1990): R. K. Merton on Structural Analysis, in: Jon Clark/Celia Modgil/ Sohan Modgil (Hrsg.), *Robert K. Merton. Consensus and Controversy*. London/New York/Philadelphia: The Falmer Press, 97–110.

Gieryn, Thomas (2004): Merton, Teacher, in: *Social Studies of Science* 34: 859.

Ginsberg, Morris (1934): *Sociology*. London: Thornton Butterworth Ltd.

Gladwell, Malcolm (2009): Überflieger. Warum manche Menschen erfolgreich sind und andere nicht. Frankfurt a. M.: Campus.

Gonin, Michael (2007): Business Research, Self-fulfilling Prophecy, and the Inherent Responsibility of Scholars, in: *Journal of Academic Ethics* 5, 33–58.

Gurvitch, Georges/Wilbert E. Moore (Hrsg.) (1945): *Twentieth Century Sociology*. New York: The Philosophical Library.

Haller, Max (1999): *Soziologische Theorien im systematisch-kritischen Vergleich*. UTB Wissenschaft. Opladen: Leske + Budrich.

Hankins, Frank H. (1956): A Forty-Year Perspective, in: *Sociology and Social Research* 40, 391–398.

Hartmann, Heinz (Hrsg.) (1973): *Moderne amerikanische Soziologie. Neuere Beiträge zur soziologischen Theorie*. 2. umgearbeitet Auflage. Stuttgart: Ferdinand Enke Verlag.

Hedström, Peter (2005): *Dissecting the Social. On the Principles of Analytical Sociology*. Cambridge: Cambridge University Press.

Hedström, Peter/Richard Swedberg (1998): Social Mechanisms: An Introductory Essay, in: Peter Hedström/Richard Swedberg (Hrsg.), *Social Mechanisms. An Analytical Approach to Social Theory*. Cambridge: Cambridge University Press, 1–31.

Hedström, Peter/Lars Udehn (2009): Analytical Sociology and Theories of the Middle Range, in: Peter Hedström/Peter Bearman (Hrsg.), *The Oxford Handbook of Analytical Sociology*. Oxford: Oxford University Press, 25–47.

Hempel, Carl G. (1942): The Function of General Laws, in: *The Journal of Philosophy* 39 (2), 35–48.

Hempel, Carl G. (1977): *Aspekte wissenschaftlicher Erklärung*. Berlin/New York: Walter de Gruyter.

Hempel, Carl G./Paul Oppenheim (1948): Studies in the Logic of Explanation, in: *Philosophy of Science* 15, 2, 135–175.

Hollinger, David A. (1983): The Defense of Democracy and Robert K. Merton's Formulation of the Scientific Ethos, in: *Knowledge and Society: Studies in the Sociology of Culture Past and Present* 4, 1–15.

Houghton, David Patrick (2009): The Role of Self-fulfilling and Self-negating Prophecies in International Relations, in: *International Studies Review* 11, 552–584.

Hughes, Everett C. (1984): *The Sociological Eye. Selected Papers*. New Brunswick: Transaction Publishers.

Hunt, James G./John D. Blair (1987): Content, Process, and the Matthew effect among Management Academics, in: *Journal of Management* 13, 191–210.

Hunt, Morton (1961): How does it come to be so? A Biographical Profile of Robert K. Merton, in: *The New Yorker* 36 (28. Januar), 39–63.

Huntington, Samuel P. (1993): The Clash of Civilizations, in: *Foreign Affairs* 72, 22–49.

Hyman, Herbert H. (1942): The Psychology of Status, in: *Archives of Psychology* 269, 94–102.

Hyman, Herbert H. (1975): Reference Individuals and Reference Idols, in: Lewis A. Coser (Hrsg.), *The Idea of Social Structure. Papers in Honour of Robert K. Merton*. New York/Chicago/San Francisco/Atlanta: Harcourt Brace Jovanovic, 265–282.

Jahoda, Marie/Patricia Salter West (1951): Race Relations in Public Housing, in: *Journal of Social Issues* 7, 132–139

Jones, Russell A. (1977): *Self-fulfilling Prophecies: Social, Psychological, and Physiological Effects of Expectancies*. Hillsdale, NJ: Erlbaum.

Joseph, K. S. (1988): The Matthew Effect in Health Development, in: *BMJL British Medical Journal* 298, 1497–1498.

Kahne, Merton J. (1968): Suicides in Mental Hospitals: A Study of the Effects of Personal and Patient Turnover, in: *Journal of Health and Social Behavior* 9, 255–266.

Konty, Mark (2005). Microanomie: The Cognitive Foundation of the Relationship between Anomie and Deviance, in: *Criminology* 43, 107–132.

Lazarsfeld, Paul F. (1975): Working with Merton, in: Lewis A. Coser (Hrsg.), *The Idea of Social Structure. Papers in Honour of Robert K. Merton*. New York/Chicago/San Francisco/Atlanta: Harcourt Brace Jovanovic, 35–66.

Levine, Donald N. (1978): Book Review of Robert K. Merton: Sociological Ambivalence and Other Essays, in: *American Journal of Sociology* 83, 1277–1280.

Levine, Donald N. (2006): Merton's Ambivalence towards Autonomous Theory – and Ours, in: *Canadian Journal of Sociology* 31, 235–43.

Linton, Ralph (1936): *The Study of Man*. New York: Appleton Century.

Lipset, Seymour M. (1964): Introduction, in: Thomas H. Marshall, *Class, Citizenship, and Social Development*. Westport: Greenwood Press, v–xx.

Lockwood, David (1992): Solidarity and Schism. „The Problem of Disorder" in Durkheimian and Marxist Sociology. Oxford: Clarendon Press.

Löwe, Adolf (1935): *Economics and Sociology*. London: Allen & Unwin.

Lundberg, George A. (1939): *Foundations of Sociology*. New York: Macmillan.

Mackert, Jürgen (2005): Sozialtheorie oder Theorien mittlerer Reichweite? Ein Scheingefecht der erklärenden Soziologie, in: Uwe Schimank/Rainer Greshoff (Hrsg.), *Was erklärt die Soziologie?* Münster u. a.: LIT Verlag, 149–169

Mackert, Jürgen (2006): *Ohnmächtiger Staat? Über die sozialen Mechanismen staatlichen Handelns*. Wiesbaden: Verlag für Sozialwissenschaften.

Mackert, Jürgen (2008): Verstehen und Erklären bei Robert K. Merton, in: Rainer Greshoff/Georg Kneer/Wolfgang Ludwig Schneider (Hrsg.), *Verstehen und Erklären. Sozial- und kulturwissenschaftliche Perspektiven*. München: Wilhelm Fink Verlag, 219–238.

Mackert, Jürgen (2010a): Auf den Schultern von Robert Merton? Zu Peter Hedströms Analytischer Soziologie, in: Thomas Kron/Thomas Grund (Hrsg.), *Die Analytische Soziologie in der Diskussion*. Wiesbaden: Verlag für Sozialwissenschaften, 93–115.

Mackert, Jürgen (2010b): Opportunitätsstrukturen und Lebenschancen, in: *Berliner Journal für Soziologie* 20, 401–420.

Maniscalco, Maria L. (1998): Serendipity in the Work of Robert K. Merton, in: Carlo Mongardini/Simonetta Tabboni (Hrsg.), *Robert K. Merton & Contemporary Sociology*. New Brunswick: Transaction Publishers, 273–284.

Mannheim, Karl ([1935] 1958): *Mensch und Gesellschaft im Zeitalter des Umbaus*. Darmstadt: Genter Verlag.

Marshall, Thomas H. (1963): Sociology – The Road Ahead, in: Thomas H. Marshall, *Sociology at the Crossroads and Other Essays*. London/Melbourne/Toronto: Heinemann, 25–43.

Marwah, Sanjay/Mathieu Deflem (2006): Revisiting Merton: Continuities in the Theory of Anomie and Opportunity Structures, in: Mathieu Deflem (Hrsg.), *Sociological Theory and Criminological Research. Sociology of Crime Law and Deviance, Volume 7*. Amsterdam: Elsevier/JAI Press, 57–76.

Marx, Karl ([1849] 1959): Lohnarbeit und Kapital, in: Karl Marx/Friedrich Engels, *Marx Engels Werke 6*. Berlin: Dietz Verlag, 397–423.

Marx, Karl ([1867] 1968): Das Kapital. Kritik der Politischen Ökonomie. Vorwort zur zweiten Auflage, in: Karl Marx/Friedrich Engels, *Marx-Engels-Werke 23*. Berlin: Dietz
Verlag, 18–28.

McClosky, Herbert/John H. Schaar (1965): Psychological Dimensions of Anomy, in: *American Sociological Review* 30, 14–40.

McNatt, D. Brian/Timothy A. Judge (2004): Boundary Conditions of the Galatea Effect:
A Field Experiment and Constructive Replication, in: *The Academy of Management
Journal* 47, 550–565.

Mead, George Herbert (1934): *Mind, Self, and Society. The Philosophy of the Act*. Chicago:
University of Chicago Press.

Meja, Volker/Nico Stehr (1998): Robert K. Merton's Structural Analysis: The Design of Modern Sociology, in: Carlo Mongardini/Simonetta Tabboni (Hrsg.), *Robert K. Merton & Contemporary Sociology*. New Brunswick, NJ: Transaction Publishers, 21–43.

Meja, Volker/Nico Stehr (1995): Einleitung: Robert K. Mertons strukturelle Analyse, in:
Robert K. Merton, Soziologische Theorie und soziale Struktur. Berlin/New York: Walter de Gruyter, vii–xxvi.

Mendelsohn, Everett (1989): Robert K. Merton: The Celebration and Defense of Science, in:
Science in Context 3, 269–289.

Messner, Steven F./Richard Rosenfeld (1994): *Crime and the American Dream*. 2. Aufl. Belmont, CA: Wadsworth Publishing Company.

van Mierlo, Jan/Jan van den Bulck (2003): Benchmarking the Cultivation Approach to
Video Games Effects: A Comparison of the Correlates of TV Viewing and Game
Play, in: *Journal of Adolescence* 27, 97–111.

Mill, John Stuart ([1843] 1996): A System of Logic, in: *Collected Works of John Stuart Mill
IV–VI*. Herausgegeben von J. M. Robson. London: Routledge.

Münch, Richard (2004): *Soziologische Theorie. Band 3: Gesellschaftstheorie*. Frankfurt a. M./
New York: Campus.

Münch, Richard, 2007: *Die akademische Elite. Zur sozialen Konstruktion wissenschaftlicher
Exzellenz*. Frankfurt a. M.: Suhrkamp.

Münch, Richard (2008): Stratifikation durch Evaluation: Mechanismen der Konstruktion
von Statushierarchien in der Forschung, in: *Zeitschrift für Soziologie* 37, 60–80.

Münch, Richard (2010): Der Monopolmechanismus in der Wissenschaft. Auf den Schultern von Robert K. Merton, in: *Berliner Journal für Soziologie* 20, 341–370.

Münch, Richard (2011): *Akademischer Kapitalismus. Zur Politischen Ökonomie der Hoch-
schulreform*. Berlin: Suhrkamp.

Newcombe, Theodore M. (1950): *Social Psychology*. New York: Dryden Press.

Parsons, Talcott (1937): *The Structure of Social Action. A Study in Social Theory with Special
Reference to a Group of Recent European Writers*. New York: The Free Press.

Parsons, Talcott (1938): The Role of Theory in Social Research, in: *American Sociological
Research* 3, 13–20.

Parsons, Talcott (1945): The Present Position and Prospects of Systematic Theory in Sociology, in: Georges Gurvitch/Wilbert E. Moore (Hrsg.), *Twentieth Century Sociology*.
New York: The Philosophical Library, 42–69.

Parsons, Talcott (1948): The Position of Sociological Theory, in: *Sociological Review* 13,
156–164.

Parsons, Talcott (1950): The Prospects of Sociological Theory, in: *American Sociological Review* 15, 3–16.

Parsons, Talcott/Bernard Barber 1948. Sociology 1945–1946, in: *American Journal of Sociology* 53, 245–257.

Parsons, Talcott ([1951] 1991): *The Social System*. London: Routledge.

Parsons, Talcott/Edward Shils ([1951] 2001): *Toward A General Theory of Action. Theoretical Foundations for the Social Sciences*. New York/London: Transaction Publishers.

Platon (1986): Theaitetos, in: *Platon. Sämtliche Werke 4*. Hamburg: Rowohlt, 103–181.

Pridemore, William Alex/Sang-Weon Kim (2006): Democratization and Political Change as Threats to Collective Sentiments: Testing Durkheim in Russia, in: *Annals of the American Academy of Political and Social Science* 605, 82–103.

Reiss, Ira L. (1970): Premarital Sex as Deviant Behavior: An Application of Current Approaches to Deviance, in: *American Sociological Review* 35, 78–87.

Rigney, Daniel (2010): *The Matthew Effect: How Advantage Begets Further Advantage*. New York: Columbia University Press.

Ritsert, Jürgen (1969): Die Antinomien des Anomiekonzepts, in: *Soziale Welt* 20, 145–162.

Rosenbaum, Mark S./Ronald Kuntze (2003): The Relationship between Anomie and Unethical Retail Disposition, in: *Psychology and Marketing* 20, 1067–1093.

Rosenthal, R./L. Jacobson (1968): *Pygmalion in the Classroom: Teacher Expectation and Pupils' Intellectual Development*. New York: Holt, Rinehart & Winston.

Salganik, Matthew J./Duncan J. Watts (2008): Leading the Herd Astray: An Experimental Study of Self-fulfilling Prophecies in an Artificial Cultural Market, in: *Social Psychology Quarterly* 71, 338–355.

Schäfers, Bernhard (1998): Anomie oder Rückkehr zur „Normalität"?, in: *Soziologische Revue* 21, 3–12.

Schäfers, Bernhard/Albert Scherr (2005): *Jugendsoziologie. Einführung in Grundlagen und Theorien*. 8. Auflage. Wiesbaden: Verlag für Sozialwissenschaften.

Schimank, Uwe (1996): Rezension. Wie weit reichen Klassiker? Zur deutschen Ausgabe von Robert K. Mertons „Social Theory and Social Structure", in: *Berliner Journal für Soziologie* 6, 571–575.

Schluchter, Wolfgang (2007): *Grundlegungen der Soziologie II*. Tübingen: Mohr Siebeck.

Schmid, Michael (1996): Rezension. Wie weit reichen Klassiker? Zur deutschen Ausgabe von Robert K. Mertons „Social Theory and Social Structure", in: *Berliner Journal für Soziologie* 6, 566–571.

Schmid, Michael (1998): Individuelles Handeln und strukturelle Selektion: Eine Rekonstruktion des Erklärungsprogramms von Robert K. Merton, in: Michael Schmid, *Soziales Handeln und strukturelle Selektion. Beiträge zur Theorie sozialer Systeme*. Opladen: Leske + Budrich, 71–89.

Schmid, Michael (2005): Soziale Mechanismen und soziologische Erklärungen, in: Hans-Jürgen Aretz/Christian Lahusen (Hrsg.), *Die Ordnung der Gesellschaft*. Frankfurt a. M. u. a.: Peter Lang, 35–82.

Schmid, Michael (2006): *Die Logik mechanismischer Erklärungen*. Wiesbaden: Verlag für Sozialwissenschaften.

Schmid, Michael (2010): Theorien mittlerer Reichweite. Versuch einer Problemklärung, in: *Berliner Journal für Soziologie* 20, 383–400.

Schultz, Ruth (1995): The Improbable Adventures of an American Scholar: Robert K. Merton, in: *American Sociologist* 26: 68–77.

Simmel, Georg [1897] 1983. Rosen. Eine soziale Hypothese, in: Georg Simmel, *Schriften zur Soziologie*. Frankfurt a. M.: Suhrkamp, 169–172.

Simmel, Georg ([1908] 1992): Die Kreuzung der sozialen Kreise, in: Georg Simmel, *Soziologie. Untersuchungen über die Formen der Vergesellschaftung*. Gesamtausgabe Band 11. Frankfurt a. M.: Suhrkamp, 456–511.

Simonson, Peter (2005): The Serendipity of Merton's Communications Research, in: International Journal of Public Opinion Research 17, 277–297.

Simonson, Peter (2010a): *Refiguring Mass Communication: A History*. Urbana and Chicago: University of Illinois Press.

Simonson, Peter (2010b): Merton's Sociology of Rhetoric, in: Craig Calhoun (Hrsg.), *Robert K. Merton: Sociological Theory and the Sociology of Science*. New York: Columbia University Press

Smith, Hayden P./Robert M. Bohm (2008): Beyond Anomie: Alienation and Crime, in: *Critical Criminology* 16, 1–15.

Sorokin, Pitirim (1937): *Social and Cultural Dynamics*. 3 Volumes. New York: American Book Company.

Srole, Leo (1956): Social Integration and Certain Corollaries, in: *American Sociological Review* 21, 709–716.

Srole, Leo (1965): A Comment on Anomy, in: *American Sociological Review* 30, 757–762.

Stanovich, Keith E. (1986): Matthew Effects in Reading: Some Consequences of Individual Differences in the Acquisition of Literacy, in: *Reading Research Quarterly* 21, 360–407.

Sternberg, Esther (2011): A Self-fulfilling Prophecy: Linking Belief to Behavior, in: *Annals of the New York Academy of Science*, 98–99.

Stewart-Williams, Steve/John Podd (2004): The Placebo Effect: Dissolving the Expectancy Versus Conditioning Debate, in: *Psychological Bulletin* 130, 324–340.

Stinchcombe, Arthur L. (1975): Merton's Theory of Social Structure, in: Lewis A. Coser (Hrsg.), *The Idea of Social Structure. Papers in Honour of Robert K. Merton*. New York u. a.: Harcourt Brace Jovanovic, 11–33.

Stinchcombe, Arthur L. (1990): Social Structure in the Work of Robert Merton, in: Jon Clark/Celia Modgil/Sohan Modgil (Hrsg.), *Robert K. Merton. Consensus and Controversy*. London/New York/Philadelphia: The Falmer Press, 81–95.

Storer, Norman W. (1973): Introduction, in: Robert K. Merton, *The Sociology of Science*. Chicago: University of Chicago Press, i–xxxi.

Stouffer, Samuel A., et al. (1949): *Studies in Social Psychology in World War II: The American Soldier*. 2 Bde. Princeton: Princeton University Press.

Sztompka, Piotr (1986): *Robert K. Merton: An Intellectual Profile*. New York: St. Martin's Press.

Sztompka, Piotr (1998): Robert K. Merton's Four Concepts of Anomie, in: Carlo Mongardini/Simonetta Tabboni (Hrsg.), *Robert K. Merton & Contemporary Sociology*. New Brunswick, NJ: Transaction Publishers, 163–175.

Tang, Thomas Li-Ping (1996): Pay Differentials as a Function of Rater's Sex, Money Ethic and Job Incumbent's Sex: A Test of the Matthew effect, in: *Journal of Economic Psychology* 17, 124–144.

Taylor, Christopher C. (2003): Kings and Chaos in Rwanda: On the Order of Disorder, in: *Anthropos* 98, 41–58.

Therborn, Göran (1991): Cultural Belonging, Structural Location and Human Action: Explanation in Sociology and in Social Science, in: *Acta Sociologica* 34, 177–191.

Tilly, Charles (2004): Social Boundary Mechanisms, in: *Philosophy of the Social Sciences* 34, 211–236.

Turner, Jonathan H. (1991): *The Structure of Sociological Theory*. Belmont, CA: Wadsworth Publishing Company.

Veugelers, Reinhilde/Katrien Kesteloot (1996): Bargained Shares in Joint Ventures among Asymmetric Partners: Is the Matthew Effect Catalyzing?, in: *Journal of Economics* 64, 23–51.

Wahlberg, Herbert J./Shiow-Ling Tsai (1983): Matthew Effects in Education, in: *American Educational Research Journal* 20, 359–373.

Vrugt, Anneke (1990): Negative Attitudes, Nonverbal Behavior and Self-fulfilling Prophecy in Simulated Therapy Interviews, in: *Journal of Nonverbal Behavior* 14 (2), 77–86.

Walsh, Anthony (2000): Behavior Genetics and Anomie/Strain Theory, in: *Criminology* 38, 1075–1108.

Weber, Max ([1919] 1988a): Wissenschaft als Beruf, in: Max Weber, *Gesammelte Aufsätze zur Wissenschaftslehre*. Tübingen: Mohr Siebeck, 582–613.

Weber, Max ([1920] 1988b): Die Protestantische Ethik und der Geist des Kapitalismus, in: Max Weber, *Gesammelte Aufsätze zur Religionssoziologie I*, Tübingen: Mohr Siebeck, 17–206.

Wilkinson, Dominic (2009): The Self-fulfilling Prophecy in Intensive Care, in: *Theoretical Medicine and Bioethics* 30, 401–410.

Znaniecki, Florian (1945): The Proximate Future of Sociology. Controversies in Doctrine and Method, in: *American Journal of Sociology* 50, 514–521.

Zuckerman, Harriet (1977): *Scientific Elite: Nobel Laureates in the United States*. New York: Free Press.

Zuckerman, Harriet (2010): Dynamik und Verbreitung des Matthäus-Effekts. Eine kleine soziologische Bedeutungslehre, in: *Berliner Journal für Soziologie* 20, 309–340.